La littératie médiatique

Information de base

Les définitions de « littératie médiatique » peuvent être très différentes et comprennent habituellement les habiletés suivantes :

- comprendre et interpréter des produits médiatiques;
- identifier divers genres de produits médiatiques;
- reconnaître les techniques utilisées dans les produits médiatiques et en comprendre l'influence;
- communiquer efficacement au moyen de divers produits médiatiques.

Les habiletés de pensée critique jouent un rôle important dans la littératie médiatique. En examinant les produits médiatiques d'un œil critique, les élèves apprennent à devenir des « consommateurs » avertis et des créateurs efficaces de ces produits. Ils comprennent aussi l'influence qu'ont les produits médiatiques sur divers groupes et personnes, ainsi que sur la société.

La compétence médiatique est une habileté qui s'apprend et qui exige de multiples occasions de la mettre en pratique. Les questions ci-dessous peuvent être utilisées quel que soit le genre de produit médiatique étudié.

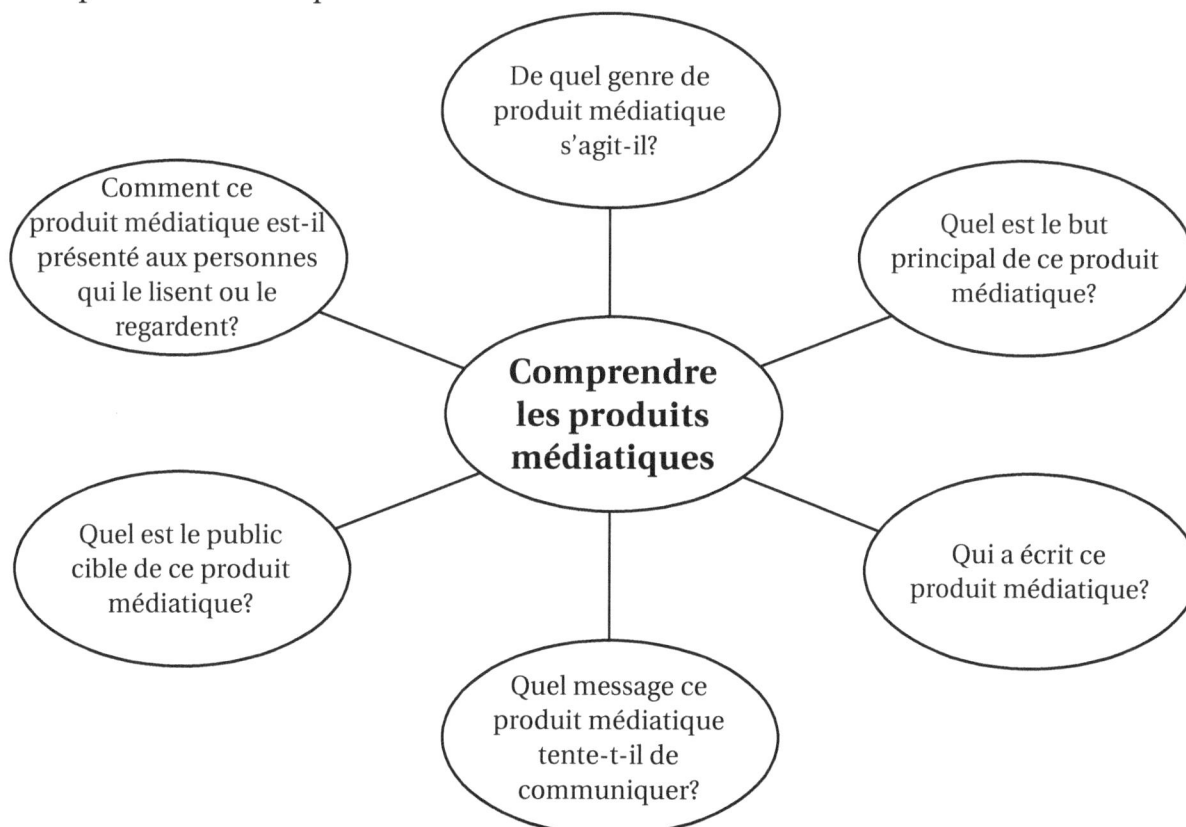

De quel genre de produit médiatique s'agit-il?

Quel est le but principal de ce produit médiatique?

Comment ce produit médiatique est-il présenté aux personnes qui le lisent ou le regardent?

Comprendre les produits médiatiques

Quel est le public cible de ce produit médiatique?

Qui a écrit ce produit médiatique?

Quel message ce produit médiatique tente-t-il de communiquer?

Introduction aux médias

Information de base

Médias : Terme qui s'applique aux formes habituelles de communication de masse, telles que la télévision, la radio, les journaux et Internet

Genre de produit médiatique : Forme que prend un produit pour communiquer un message, telle que l'imprimé (roman, dépliant, emballage de produit, etc.) ainsi qu'une grande variété de documents non imprimés, comme le blogue, le film, le balado et le téléjournal.

Produit médiatique imprimé : On utilise parfois ce terme pour tout produit médiatique qui est produit sur papier, souvent au moyen d'une presse à imprimer. Cependant, il y a beaucoup d'autres exemples de ce type de produit, y compris l'acétate, le dirigeable portant le logo d'une entreprise, ainsi que les textes écrits à la main ou imprimés à partir d'un ordinateur. Ce type de produit ne contient pas toujours des mots. Une photo imprimée sur papier, par exemple, est une forme de produit médiatique imprimé.

Produit médiatique numérique : Produit créé et stocké au moyen d'un dispositif électronique ou d'une plate-forme médiatique qui permet aussi d'interagir avec d'autres personnes, avec un autre dispositif ou avec une application. Ces dispositifs comprennent l'ordinateur, le cellulaire, l'appareil photo numérique, Internet, les sites de réseautage social et les jeux vidéo. Les produits médiatiques numériques peuvent comprendre des sons, des images fixes, des dessins animés, des photos et des vidéos.

Produit médiatique : Tout texte, image, son ou représentation visuelle (ou toute combinaison de ces éléments) qu'on utilise pour communiquer un message. Bien que de nombreux produits médiatiques comportent des mots parlés ou écrits, ce n'est pas le cas pour tous ces produits. Une photo et une peinture, par exemple, sont considérées comme des produits médiatiques.

Caractéristiques d'un produit médiatique : Caractéristiques qui rendent le produit médiatique plus clair, telles que la police de caractères, les titres et les illustrations.

Conventions et techniques médiatiques : Elles permettent de créer des effets particuliers au moyen d'images et de sons afin de mieux communiquer le message d'un produit. Les effets comprennent l'animation, les couleurs, les logos et les effets spéciaux.

Idées d'activités

Je lis, je regarde, j'observe et j'écoute...

1. Invitez les élèves à examiner la salle de classe et à identifier tout ce qu'ils lisent, regardent, observent ou écoutent. Ils mentionneront probablement des livres, des graphiques, des photos, des dessins, des images de magazines, des jeux d'ordinateur, une télévision ou un lecteur de CD. Dans le cas d'un appareil comme la télévision, demandez-leur quel usage ils en font. Ils répondront peut-être qu'ils s'en servent pour regarder des films ou des émissions pour enfants. Notez leurs réponses au tableau. Ajoutez à votre liste tout ce qu'ils ont lu, regardé, observé ou écouté depuis qu'ils se sont levés le matin. Leurs réponses pourraient comprendre des boîtes de céréales, des plaques de rues ou des bandes dessinées. Notez-les toutes.

2. Écrivez, au tableau, les titres « Mots », « Images » et « Sons ». Demandez aux élèves de vous dire sous lesquels des titres inscrire les éléments de la liste dressée au cours de l'activité précédente. Ils se rendront vite compte que beaucoup des éléments pourraient être placés sous deux des titres et peut-être même sous les trois. Ajoutez les titres nécessaires. Vous pourriez écrire, par exemple, « Mots et images » ou « Images et sons ». Expliquez qu'un produit médiatique est tout ce qu'on lit, regarde, observe ou écoute. Encouragez les élèves à donner d'autres exemples de produits médiatiques qu'ils connaissent. Ajoutez les exemples à votre liste.

Identifier les genres de produits médiatiques

1. En groupe-classe, montrez aux élèves des échantillons de produits médiatiques, tels qu'un journal, un magazine, un DVD, un dépliant, un menu, une publicité imprimée, un écriteau et un site Web ouvert.

2. Montrez les produits du doigt, un à la fois, et demandez : « Qu'est-ce que c'est? » Lorsque cela est nécessaire, reformulez une réponse pour souligner qu'il s'agit d'un produit médiatique. Par exemple, si un élève répond : « C'est une publicité pour des céréales », ajoutez « Oui, c'est un exemple d'un produit médiatique ». Après que les élèves ont identifié tous les produits, confirmez qu'il s'agissait bien de produits médiatiques.

3. Répétez que les produits médiatiques sont tout ce qu'ils lisent, regardent, observent et écoutent. Dites-leur que tous les produits médiatiques communiquent un message ayant un but donné. Passez en revue chaque produit, puis notez, sur une feuille grand format, les réponses des élèves aux questions suivantes :
   - Comment appelle-t-on ceci?
   - Comment savons-nous qu'il s'agit d'un produit médiatique? Est-ce quelque chose qu'on lit, regarde, observe ou écoute?
   - Quel est le message communiqué?

Mon livret des médias

Pour les plus jeunes élèves, utilisez la **FR 12 : Mon livret des médias**. Invitez les élèves à découper les pages et à les placer dans l'ordre numérique. Vérifiez qu'elles sont bien placées avant d'agrafer les livrets pour les élèves. Lisez chaque page du livret avec eux ou invitez des élèves individuels à lire chacun une page. Après que vous avez lu une page, vous pourriez demander aux élèves de donner le titre de leur chanson ou leur livre préféré, selon le cas. Les élèves peuvent aussi écrire leurs préférences au verso de la dernière page.

Promenade médiatique

1. Tous ensemble, faites une promenade dans l'école et à l'extérieur. Dressez une liste des produits médiatiques que vous voyez, tels que des affiches d'activités communautaires, des panneaux-réclames, des annonces, des plaques de rues, des livres, etc. Discutez de la façon dont chacun de ces produits communique un message.

2. Par la suite, mettez à la disposition des élèves des magazines, des cahiers publicitaires et des publicités. Invitez les élèves à découper des images pour créer un collage de produits médiatiques sur la **FR 13 : Collage médiatique**.

Messages sans mots

Aidez les élèves à se rendre compte que les messages peuvent être communiqués sans mots, mais plutôt avec des symboles et des photos, par exemple. Donnez-leur de nombreuses occasions d'examiner divers symboles et d'en reconnaître le message. Montrez-leur aussi plusieurs photos et demandez-leur d'expliquer les messages qu'ils perçoivent. Faites un remue-méninges dans le but de dresser une liste des raisons pour lesquelles on prend des photos et on utilise des symboles dans sa localité.

Qu'est-ce qu'un média numérique?

1. En groupe-classe, faites un remue-méninges dans le but de dresser une liste des dispositifs médiatiques numériques les plus utilisés, tels que l'ordinateur portable, le cellulaire, la tablette, le lecteur de musique à écran tactile, etc. Vous pourriez aussi inclure les unités de stockage numériques, telles que le lecteur de disque dur externe, la clé USB, le lecteur de musique portable, le CD et le DVD.

2. Passez en revue avec les élèves la liste de dispositifs numériques dressée à la première étape. Si les élèves ont créé une longue liste, choisissez-en quelques éléments, puis, pour chacun, posez les questions suivantes :
   - De quelle façon pouvez-vous communiquer vos idées à d'autres personnes au moyen de ce dispositif?
   - Avez-vous déjà utilisé ce dispositif?
   - Selon vous, qu'arriverait-il si une personne n'avait pas ce dispositif?
   - Lisez-vous souvent des histoires sur l'ordinateur? Qu'est-ce qu'un livre numérique?
   - Aimez-vous mieux lire un livre numérique ou un livre ordinaire? Pourquoi?

Table des matières

Avant-propos   2

La littératie médiatique   3

Introduction aux médias   4

Caractéristiques des imprimés   33

Analyse de produits médiatiques   35

Création de produits médiatiques   61

Organisateurs graphiques   106

Certificats de mérite   109

Évaluation 1 : Exposé oral   110

Évaluation 2 : Dépliant   111

Évaluation 3 : Affiche   112

Évaluation 4 : Notions de médiatique   112

Évaluation de la classe – Médias   113

Vocabulaire des médias   114

Comment est mon travail?   115

Glossaire des médias   116

Corrigé – Feuilles reproductibles   119

Éveiller l'intérêt des élèves

Aidez les élèves à mieux comprendre et apprécier les notions de médiatique en les encourageant à apporter en classe divers produits médiatiques à examiner. Vous pourriez aussi mener des sondages sur des sujets reliés aux médias et en afficher les résultats, ou comparer les préférences des élèves pour ce qui est des produits médiatiques.

Vocabulaire

Les élèves peuvent utiliser la feuille reproductible **Vocabulaire des médias** pour y inscrire des mots reliés au thème. Ces mots peuvent aussi être inscrits sur des feuilles grand format afin que les élèves puissent s'y référer au cours d'exercices de rédaction. Encouragez-les à suggérer des mots à ajouter à la liste avec chaque nouvel exercice. Triez les mots en catégories telles que noms, verbes et adjectifs.

Feuilles reproductibles et organisateurs graphiques

Utilisez les feuilles reproductibles et les organisateurs graphiques fournis dans ce livre de la manière la plus appropriée pour vos élèves. Les feuilles reproductibles fournissent de l'information, appuient des notions de médiatique importantes et ajoutent des occasions d'apprentissage. Les organisateurs graphiques aident les élèves à se concentrer sur des idées importantes et à faire des comparaisons directes.

Cahier d'apprentissage

Un cahier d'apprentissage permet à chaque élève d'organiser ses réflexions et ses idées au sujet des notions de médiatique présentées. En examinant les cahiers, vous pourrez choisir les activités de suivi qui sont nécessaires pour passer en revue et clarifier les notions apprises.

Un cahier d'apprentissage peut contenir :
• des conseils de l'enseignante ou enseignant,
• des réflexions de l'élève,
• des questions soulevées,
• des liens découverts,
• des schémas et images avec étiquettes.

Grilles d'évaluation

Utilisez les diverses grilles fournies dans ce livre pour évaluer l'apprentissage des élèves.

Avant-propos

Dès leur plus jeune âge, les enfants voient partout autour d'eux des produits médiatiques, y compris des panneaux-réclames, des logos, des marques de commerce, des publicités en ligne, et des articles de toutes sortes ornés de leurs personnages préférés. Ces images et les messages qu'elles diffusent peuvent exercer une influence considérable sur l'esprit des jeunes enfants.

Il est donc très important que les enfants de cette génération apprennent à déchiffrer et à concevoir des produits médiatiques. Ils doivent pouvoir acquérir des compétences qui les aideront à reconnaître, à évaluer et à juger l'information qui leur est présentée par les divers médias. Pour les tout jeunes, apprendre à créer des produits médiatiques est une façon ludique et intéressante de discuter de leurs diverses caractéristiques.

En faisant appel aux médias pour étudier des idées importantes, vous provoquerez l'enthousiasme des élèves à l'égard de leur apprentissage et capterez plus longtemps leur attention. Quelle que soit la matière étudiée, il est possible d'intégrer les médias, de manière intéressante et agréable, dans les sujets à l'étude.

Comprendre le monde

En apprenant progressivement à comprendre le monde dans lequel ils vivent, les élèves apprennent aussi à établir des liens significatifs avec les médias qui font partie de ce monde. L'usage d'exemples liés à leur réalité – ce qu'ils regardent, lisent et écoutent – les aide à apprendre à déchiffrer les produits médiatiques d'une façon plus significative pour eux.

Les parents peuvent aider leurs enfants à en apprendre davantage sur les médias. Parler des médias à la maison aide les enfants à reconnaître les divers produits qu'ils offrent, tels que les publicités, les bandes dessinées ou les sites Web. C'est là une première étape dans leur découverte des types de médias qui les entourent. Les parents et enseignants doivent travailler conjointement à aider les enfants non seulement à prendre conscience des produits avec lesquels ils apprennent, lisent et jouent, mais aussi à en faire un examen critique.

Introduction aux médias, mat. à 3ᵉ année, explore les façons d'enseigner la médiatique en classe et de reconnaître les divers produits médiatiques. Les exercices que cette ressource propose (créer et déconstruire des produits médiatiques, lire et rédiger des textes médiatiques) aideront les élèves à acquérir des compétences et des connaissances essentielles à leur réussite en ce 21ᵉ siècle.

Explorer les produits médiatiques en ligne

Notre monde change continuellement. Il est donc très important que les enfants acquièrent une excellente compétence médiatique et se familiarisent avec les produits médiatiques en ligne. Aussitôt que les enfants sont mis en présence d'Internet, habituellement par un membre de la famille ou une personne qui s'occupe d'eux, ils acquièrent des habiletés de navigation et deviennent plus indépendants. Ils visitent des sites reliés à leurs jouets, émissions de télé, livres, musique et films préférés. Ils jouent à des jeux qui peuvent comprendre un monde virtuel où ils ont la possibilité de communiquer avec d'autres enfants. Internet leur donne accès à d'excellents jeux d'apprentissage et sites éducatifs appropriés pour eux. Ils doivent cependant apprendre les règles de sécurité pour naviguer sur Internet ainsi que les façons de se protéger.

À titre d'introduction, demandez aux élèves si Internet est un endroit réel. Discutez des raisons données pour leurs réponses. Ensuite, assurez-vous que les élèves comprennent bien qu'Internet n'est pas un endroit réel, comme une ferme ou une bibliothèque qu'on peut visiter. Et pourtant, Internet met en contact des milliards de personnes qui habitent des pays différents.

Examinez Internet plus à fond avec les élèves. Demandez-leur de suggérer des façons dont d'autres personnes ou eux-même se servent d'Internet à la maison. Ils pourraient répondre qu'ils s'en servent pour télécharger et écouter de la musique, visionner des vidéos, visiter leurs sites préférés ou envoyer des courriels. Passez en revue les méthodes de navigation et les termes appropriés, tels que moteur de recherche. Vous voudrez peut-être poser les questions suivantes :

• Avec qui allez-vous en ligne? Avez-vous la permission d'y aller seuls?
• Qu'aimez-vous faire en ligne?
• Pouvez-vous aller en ligne quand vous le voulez ou devez-vous suivre des règles?
• À quels jeux vidéo aimez-vous jouer? Pourquoi?
• Aimez-vous mieux jouer avec des jouets ou à un jeu vidéo en ligne? Pourquoi?

La sécurité sur Internet

Il est important que les élèves apprennent à naviguer sur Internet en toute sécurité. Faites tous ensemble un remue-méninges dans le but de dresser une liste des règles que doivent suivre les élèves quand ils vont quelque part. Donnez d'abord des exemples comme une sortie éducative ou une visite à l'épicerie avec leur famille. Soulignez le fait que ces règles ont pour but d'assurer leur sécurité. Puis dites-leur qu'en naviguant sur Internet, ils visitent aussi des endroits et qu'il y a donc des règles à suivre. Mettez l'accent sur les règles suivantes :

1. Visitez seulement les sites jugés sécuritaires par une ou un adulte.

2. Visitez un site seulement avec la permission d'une ou un adulte.

3. Ne bavardez jamais en ligne avec des personnes inconnues!

Envoi de messages

1. Faites un remue-méninges avec les élèves afin de trouver différentes méthodes d'envoi et de réception de messages. Les élèves suggéreront peut-être : une note sur une feuille de papier ou un feuillet autoadhésif, une lettre ou une carte envoyée par la poste, un appel téléphonique, un écriteau, un message instantané, un courriel ou un texto.

2. Informez les élèves que le courriel est une façon pour les gens de se transmettre des messages par Internet. Le courriel passe par Internet, de l'ordinateur de la personne qui l'a envoyé à l'ordinateur de la personne qui le reçoit. Le courriel et le texto se ressemblent, mais le texto est toujours très court alors que le courriel peut être très long. Le texto peut se composer en grande partie d'abréviations telles que « MDR » pour « mort de rire », « A+ » pour « À plus tard », et « koi de 9 » pour « Quoi de neuf? ». Les abréviations prennent moins d'espace, le texto devant être court.

3. Posez ces questions aux élèves pour découvrir ce qu'ils connaissent du courrier électronique :
   • Avez-vous déjà envoyé un courriel à quelqu'un? Qu'est-ce qui vous a plu ou ne vous a pas plu de l'envoi d'un courriel?
   • Avez-vous déjà reçu un courriel? Qu'est-ce qui vous a plu ou ne vous a pas plu de la réception et la lecture d'un courriel?
   • Donnez des raisons pour lesquelles les gens voudraient envoyer un courriel.
   • Selon vous, envoyer un courriel est-il plus rapide ou plus lent qu'envoyer une lettre par la poste? Pourquoi?
   • Avez-vous déjà envoyé un texto à quelqu'un?
   • Se sert-on des mêmes dispositifs pour envoyer un courriel et un texto? Quels dispositifs utilise-t-on pour chacun?

Devinettes sur les produits médiatiques

1. Invitez les élèves à former des équipes de deux pour jouer à un jeu qui mettra à l'épreuve leur connaissance des produits médiatiques. Demandez-leur de découper les fiches de la **FR 14 : Devinettes sur les produits médiatiques**.

2. L'élève A choisit une fiche et lit les indices à voix haute. L'élève B tente de deviner le produit médiatique que décrivent les indices. L'élève A vérifie la réponse au bas de la fiche et dit à l'élève B si sa réponse était exacte ou inexacte. Si l'élève B a donné la mauvaise réponse, il a une seconde chance de deviner. Si sa deuxième réponse est aussi inexacte, les élèves changent de rôle, et l'élève B choisit la devinette dont il lira les indices à l'élève A.

3. Les élèves continuent à choisir de nouvelles fiches et à deviner les réponses jusqu'à ce qu'il ne reste plus de fiches.

Mots cachés – Produits médiatiques

Z	A	F	F	I	C	H	E	J	P
M	C	A	R	T	E	Y	K	S	U
E	L	E	T	T	R	E	D	I	B
N	C	X	L	I	V	R	E	T	L
U	C	H	A	N	S	O	N	E	I
E	C	R	I	T	E	A	U	W	C
Z	I	M	A	G	E	V	W	E	I
M	A	G	A	Z	I	N	E	B	T
W	A	N	N	O	N	C	E	J	E
J	O	U	R	N	A	L	G	R	M

écriteau   carte   chanson   lettre
affiche   site Web   journal
menu   image   magazine
livre   publicité   annonce

FR 1

Les médias tous les jours

Nous voyons et écoutons tous les jours des produits médiatiques. Ces produits nous communiquent des messages que nous entendons ou lisons. Les images ci-dessous te montrent certains types de produits médiatiques.

livres	dessins animés	chansons	publicités
			Mange tes légumes!

journaux	sites Web	annonces	plaques de rue
LE JOURNAL ACTUALITÉS		Nettoyons notre parc! Aidez-nous à nettoyer notre parc! Le vendredi 6 juin, de 14 h à 16 h Apportez vos propres sacs de plastique.	RUE LÉVIS RUE TALON

Penses-y!

Les médias tous les jours

1. Dresse une liste d'autres genres de produits médiatiques.

_____

_____

2. Quels produits médiatiques vois-tu et entends-tu chaque jour?
Explique ta réponse.

_____

_____

_____

FR 2

La télévision est un média

Il y a différents types d'émissions à la télévision : des dessins animés, des téléjournaux, des histoires, des jeux-questionnaires, etc. Dans la plupart des émissions, on peut voir des messages publicitaires. Une émission est différente d'un message publicitaire.

Message publicitaire

EN SOLDE AUJOURD'HUI !
SEULEMENT 2,99 $!

ACHÈTE LA TIENNE AVANT QU'IL N'EN RESTE PLUS!

- Il est très court.
- Il présente un produit.

Émission de télévision

- Elle est longue.
- Elle fournit de l'information ou divertit.

Penses-y!

La télévision est un média

Comment reconnais-tu ce que tu regardes?

a) Indices montrant qu'il s'agit d'un dessin animé :

_____

_____

b) Indices montrant qu'il s'agit d'un téléjournal :

_____

_____

c) Indices montrant qu'il s'agit d'un message publicitaire :

_____

_____

Tout sur les produits médiatiques

Des produits médiatiques partout

Chaque jour, nous voyons et entendons des produits médiatiques. Les émissions que nous voyons à la télévision sont des produits médiatiques. Les livres, les affiches dans notre localité et les chansons à la radio en sont aussi. Il y a beaucoup de produits médiatiques différents. On les classe dans des groupes appelés **genres de produits médiatiques**.

Télévision – Produits médiatiques

Il y a différents types d'émissions à la télévision.
En voici quelques-uns :

• le dessin animé,

• le téléjournal,

• le jeu-questionnaire.

Le dessin animé, le téléjournal et le jeu-questionnaire sont différents les uns des autres. Dans la plupart des émissions de télévision, il y a des messages publicitaires. Ces messages sont un autre genre de produit médiatique. Ils sont très courts.

Presse – Produits médiatiques

Les textes imprimés, comme les livres, sont des produits médiatiques.
Il y a plusieurs sortes de livres :

• le livre d'images,

• le livre à colorier,

• le dictionnaire.

suite à la page suivante ☞

FR 4

Autres produits médiatiques

Dans ta localité, tu vois toutes sortes de panneaux. Ce sont tous des produits médiatiques. Certains panneaux, tels que les panneaux routiers, ne portent pas de mots, mais nous indiquent quand même ce que nous devons faire. D'autres panneaux portent des mots. La carte routière est un produit médiatique qui nous indique où se trouve un lieu.

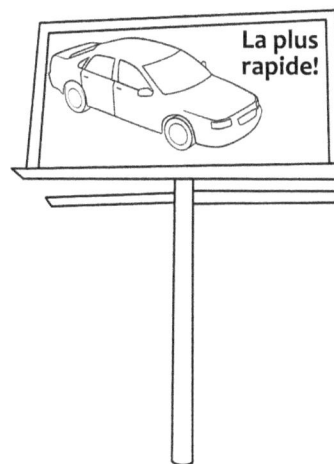

La plus rapide!

Penses-y!

Tout sur les produits médiatiques

1. Qu'est-ce qu'un produit médiatique? Sers-toi de tes propres idées et de l'information tirée du texte pour répondre.

_____

_____

_____

_____

_____

2. Le livre à colorier et le livre d'images contiennent tous deux des images. En quoi sont-ils différents? Donne deux différences.

_____

_____

_____

_____

_____

Les symboles

1. Regarde les symboles ci-dessous. Explique le message que chacun nous communique.

a) _____ _____ _____	**b)** _____ _____ _____
c _____ _____ _____	**d)** _____ _____ _____
e) _____ _____ _____	**f)** _____ _____ _____
g) _____ _____ _____	**h)** _____ _____ _____

2. Dessine un symbole et explique son message.

_____

_____

Une image communique un message

Découpe une photo ou une image dans un magazine, puis colle-la ci-dessous.

Quel message cette photo ou cette image communique-t-elle?

_____

_____

Quels sont les indices?

_____

_____

Qu'est-ce qu'Internet?

Internet met en contact des ordinateurs de partout dans le monde. Ces ordinateurs sont reliés par des câbles ou des lignes téléphoniques. Internet permet aux ordinateurs de communiquer entre eux. Un ordinateur ayant une connexion Internet peut faire deux choses :

• envoyer de l'information à d'autres ordinateurs connectés à Internet;

• recevoir de l'information envoyée par d'autres ordinateurs connectés à Internet.

Les ordinateurs ne sont pas tous connectés à Internet. Les gens doivent payer chaque mois pour avoir cette connexion.

Comment les gens utilisent-ils Internet?

Quand les gens sont en ligne, ils sont connectés à Internet. Ils utilisent Internet de différentes façons :

• pour tirer de l'information de sites Web;

• pour jouer à des jeux d'ordinateur;

• pour faire partager des photos et de l'information à d'autres;

• pour envoyer et recevoir des messages, comme des courriels ou des textos;

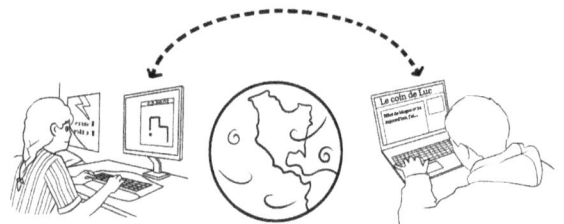

• pour magasiner.

Cellulaires et Internet

On peut connecter certains cellulaires à Internet. On peut ainsi recevoir et envoyer de l'information par Internet en se servant d'un cellulaire plutôt que d'un ordinateur.

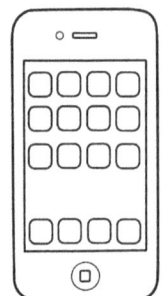

Qu'est-ce qu'Internet?

1. Tu as probablement déjà utilisé un ordinateur chez toi ou à l'école pour visiter des sites Web sur Internet. Nomme deux sujets sur lesquels tu as obtenu de l'information sur des sites Web :

1ᵉʳ sujet : _____

2ᵉ sujet : _____

2. Si tu as un ordinateur chez toi, écris deux choses que tu fais sur Internet. Si tu n'es pas connecté à Internet chez toi, écris deux choses que tu aimerais faire sur Internet.

_____

_____

_____

_____

3. On peut envoyer un courriel ou un texto presque partout dans le monde. Il y a deux autres façons de communiquer avec une personne dans un endroit éloigné. Quelles sont ces deux façons, et laquelle est la plus rapide?

_____

_____

_____

_____

Sites Web que je recommande

Site Web	But du site Web	Pourquoi j'aime le site Web

FR 8

Sites Web que je recommande

1. Va en ligne avec une ou un adulte. Trouve un site Web que tu aimes. Dessine ci-dessous ce que tu vois sur l'écran. Complète la phrase.

Le site Web nous informe sur _____

2. Mets un crochet à côté de chaque règle de sécurité que tu suis en ligne.

☐ Je visite seulement les sites Web jugés sécuritaires par une ou un adulte.

☐ Je bavarde en ligne avec les personnes que je connais seulement.

FR 8

Envoyer et recevoir des messages

Un *courriel* est un message qu'on écrit et envoie à l'ordinateur. Le message est quelque chose qu'on veut dire ou demander à quelqu'un. On écrit des messages pour diverses raisons. On souhaite une bonne journée à quelqu'un. On lui apprend une nouvelle. Et parfois, on planifie quelque chose.

Veux-tu aller au parc?

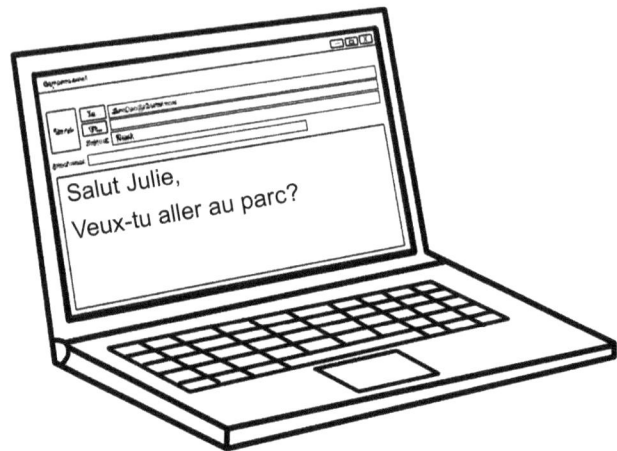

Salut Julie,
Veux-tu aller au parc?

Le courriel passe par Internet pour aller de ton ordinateur à celui de ton amie. Elle *reçoit* le message.

Oui, je peux y aller aujourd'hui!

Oui, je peux y aller aujourd'hui!

Jade et Thierry s'envoient des courriels.

1er message
Expéditeur : Jade
Destinataire : Thierry
Sujet : Film
Je veux aller voir un film. Quel est ton film préféré?
Jade

2e message
Expéditeur : Thierry
Destinataire : Jade
Sujet : Film
J'aime *Les animaux dans la nature*. C'est très drôle.
Thierry

3e message
Expéditeur : Jade
Destinataire : Thierry
Sujet : Film
Merci, Thierry. Je vais essayer d'aller le voir.
Jade

Encercle la bonne réponse.

a) Qui a envoyé le 1er message?   Jade   Thierry

b) Qui a reçu le 2e message?   Jade   Thierry

c) Qui a reçu le 3e message?   Jade   Thierry

FR 9

Activité : Envoi d'un courriel

Écris un courriel à une amie ou un ami, ou encore à un membre de ta famille. Fais un dessin dans lequel on peut te voir en train d'envoyer le message et on peut voir la personne qui reçoit ton message. Mets des étiquettes dans ton dessin portant les mots ci-dessous.

courriel   **Internet**   **reçoit**   **envoie**

Les médias dans une journée - Compte

1. Note avec soin les médias et produits médiatiques que tu vois, regardes ou écoutes dans une journée. Montre les résultats à ta classe et compare-les à ceux des autres élèves.

Média/Produit médiatique	Dénombrement
Télévision	
Radio	
Internet	
Livre	
Journal	
Cahier publicitaire	
Dépliant	
Bande dessinée	
Blogue	
Film	
Musique	
Affiche	
Panneau-réclame	
Logo	
Menu	
Autre	

2. Regarde tes résultats. Qu'en penses-tu?

Mon livret des médias

Le livret de

_____

1

Je lis des livres.

Je vois et entends des produits
médiatiques tous les jours.

2

FR 12

Je regarde la télévision.

Mange tes légumes!

Je vois et entends des produits médiatiques tous les jours.

3

Je vois des panneaux et écriteaux.

TOILETTES

Je vois et entends des produits médiatiques tous les jours.

4

Je lis des bandes dessinées.

Je vois et entends des produits
médiatiques tous les jours.

5

J'écoute des chansons.

Je vois et entends des produits
médiatiques tous les jours.

6

FR 12

Je regarde des photos.

Je vois et entends des produits
médiatiques tous les jours.

7

J'utilise Internet.

Le coin de Luc

Billet de blogue n° 24
Aujourd'hui, j'ai...

Je vois et entends des produits
médiatiques tous les jours.

8

Je fais des dessins.

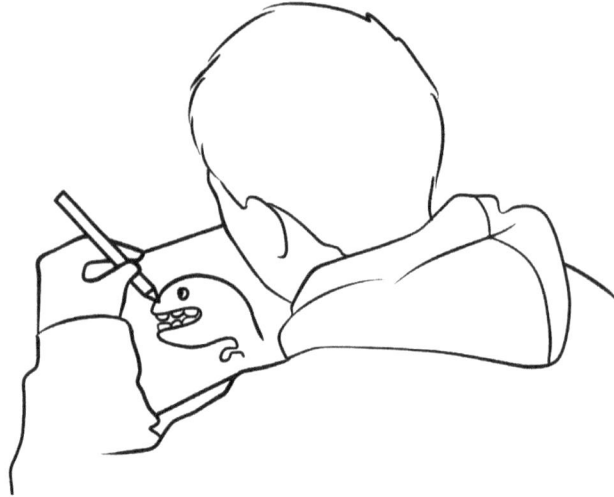

Je vois et entends des produits médiatiques tous les jours.

Les médias sont partout autour de nous.

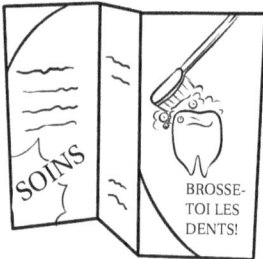

SOINS

BROSSE-TOI LES DENTS!

Je vois et entends des produits médiatiques tous les jours.

FR 12

Collage médiatique

1. Dans des magazines, trouve des images de produits médiatiques. Découpe les images, puis fais-en un collage ci-dessous.

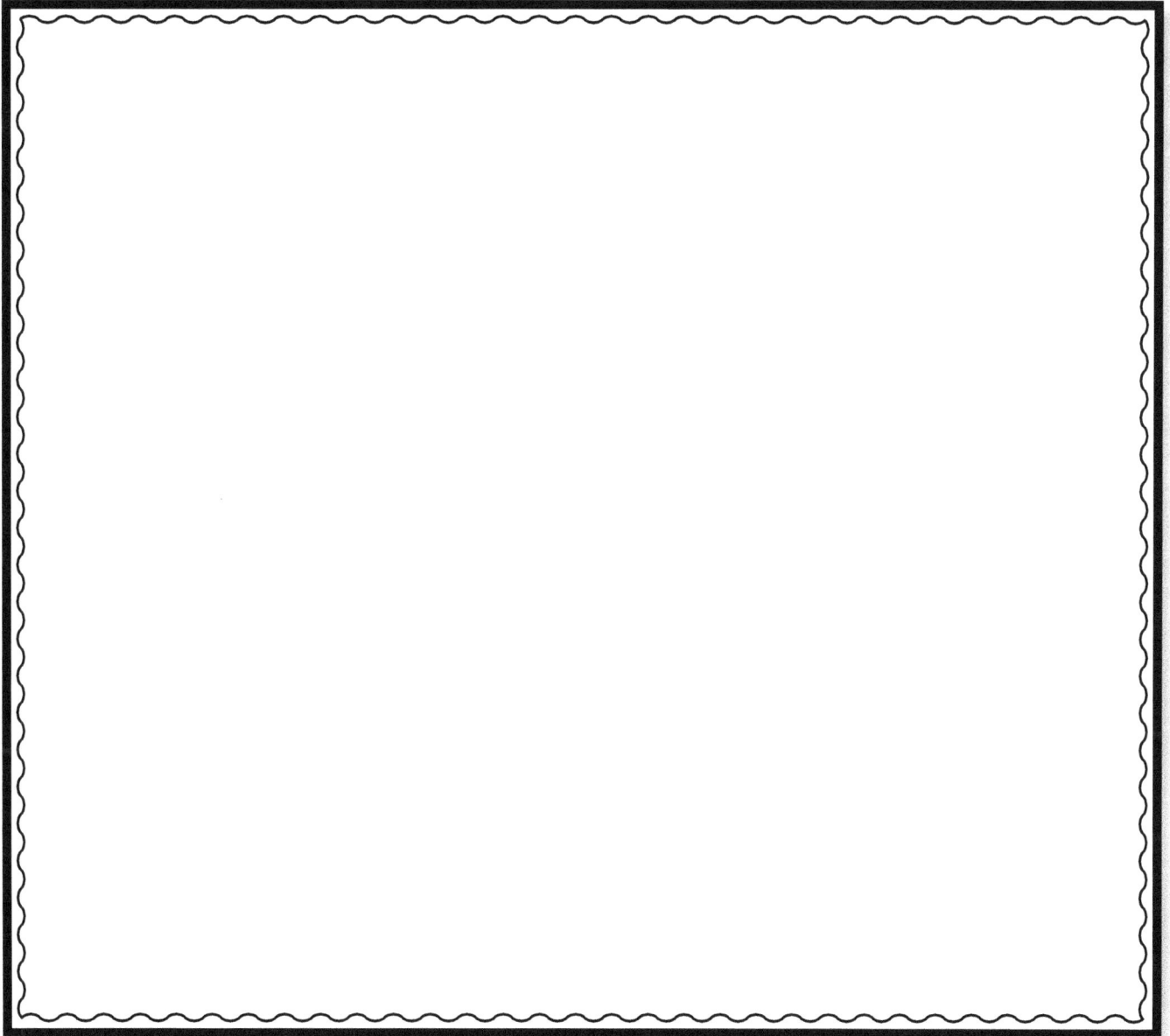

2. Explique ton collage :

_____

_____

Devinettes sur les produits médiatiques

Indices sur le produit médiatique : 1

Je suis fait de grandes feuilles de papier.

J'ai des photos et beaucoup de mots.

Je donne les nouvelles.

Que suis-je?

Réponse : Un journal

Indices sur le produit médiatique : 2

Je suis un livre qui ne raconte pas d'histoire.

Tu m'utilises pour trouver le sens des mots.

Que suis-je?

Réponse : Un dictionnaire

Indices sur le produit médiatique : 3

Je suis un type d'émission de télévision.

Je t'apprends ce qui se passe dans le monde.

Je t'informe aussi du temps qu'il fera.

Que suis-je?

Réponse : Un téléjournal

Indices sur le produit médiatique : 4

Je suis un livre qui t'apprend à préparer divers aliments.

Je t'indique les ingrédients dont tu as besoin et les étapes que tu dois suivre.

Que suis-je?

Réponse : Un livre de recettes

suite à la page suivante ☞

FR 14

Indices sur le produit médiatique : 5

Je suis un morceau de papier cartonné plié.

Tu me mets dans une enveloppe.

Tu me donnes à quelqu'un pour une occasion spéciale, comme un anniversaire.

Que suis-je?

Réponse : Une carte de souhaits

Indices sur le produit médiatique : 6

Pour me trouver, tu utilises un ordinateur et tu vas sur Internet.

Je donne de l'information sur beaucoup de sujets différents.

J'ai des mots, des photos et, parfois, des vidéos.

Que suis-je?

Réponse : Un site Web

Indices sur le produit médiatique : 7

Tu me vois très souvent à la télévision.

Je suis plus court qu'une émission, et je te parle de différentes choses que tu peux acheter.

Que suis-je?

Réponse : Un message publicitaire

Indices sur le produit médiatique : 8

Je suis une grande image sur une feuille de papier.

Parfois, je montre différents pays et, parfois, je montre les rues d'une ville.

Je peux t'aider à retrouver ton chemin si tu te perds.

Que suis-je?

Réponse : Une carte géographique

suite à la page suivante ☞

Indices sur le produit médiatique : 9

J'ai beaucoup de pages avec des mots et des photos, mais je ne suis pas un livre ni un journal.

Tu peux m'acheter dans un magasin, mais je peux aussi arriver par la poste.

Que suis-je?

Réponse : Un magazine

Indices sur le produit médiatique : 10

Je suis une énorme affiche qui est beaucoup plus grande que toi.

Tu me vois sur les édifices et le long des routes.

Je suis comme un message publicitaire, mais sur papier.

Que suis-je?

Réponse : Un panneau-réclame

Indices sur le produit médiatique : 11

Je suis un type de livre que les enfants aiment.

Je raconte une histoire. J'ai des illustrations qui montrent ce qui se passe dans l'histoire.

Que suis-je?

Réponse : Un livre d'images

Indices sur le produit médiatique : 12

J'ai des paroles et de la musique.

Tu m'entends souvent à la radio. *O Canada* est un exemple de ce que je suis.

Que suis-je?

Réponse : Une chanson

Caractéristiques des imprimés

En groupe-classe, discutez d'imprimés tels qu'un manuel scolaire, un dictionnaire, un livre d'images, une bande dessinée, un journal, un magazine, une affiche, un livre informatif, un roman et un dépliant. Par exemple :

Livre informatif : Expliquez que ce type de livre est conçu de façon qu'on puisse y trouver facilement de l'information. Parmi ses caractéristiques possibles : une table des matières, un glossaire, des légendes, des schémas, des sous-titres, des titres de chapitres et des images avec étiquettes. Posez les questions suivantes pour amorcer une discussion :
• Comment une illustration ou une photo vous aide-t-elle à comprendre ce que vous lisez?
• Comment un schéma avec étiquettes vous aide-t-il à comprendre une explication?
• Quel est le but d'un glossaire dans un livre informatif? Comment aide-t-il les lecteurs?
• Comment vous servez-vous d'une table des matières?

Journal : Encouragez les élèves à explorer les parties d'un journal, puis menez une discussion générale. Présentez des mots tels que *manchette*, *cahier*, *rubrique*, etc. Posez ces questions :
• Comment savez-vous quelle information vous allez trouver dans le journal?
• Selon vous, pourquoi les gens lisent-ils les journaux?
• Sur la première page, quel titre est le plus gros?
• Selon vous, pourquoi certains articles sont-ils plus longs que d'autres?

Organisez une chasse aux caractéristiques d'un journal pour toute la classe. Par exemple, les élèves devront :
• nommer une section du journal;
• trouver le bulletin météo;
• trouver la section bandes dessinées;
• trouver une annonce classée.

Livre d'images : Discutez avec les élèves du rôle que jouent les illustrations et les polices de caractères dans la narration de l'histoire et la création d'une ambiance. Expliquez que ces choix ont été faits par l'auteure ou auteur et l'illustratrice ou illustrateur. Voici quelques amorces de discussions :
• Que ressentez-vous quand vous regardez cette illustration? Pourquoi?
• Qu'a fait l'illustratrice ou illustrateur pour vous faire ressentir ces émotions?
• Quelles couleurs semblent importantes dans cette illustration? Pourquoi?
• Que ressentez-vous en voyant les couleurs de cette illustration? Pourquoi?

Affiche : Demandez aux élèves de nommer des types d'affiches qu'ils connaissent. Ils nommeront peut-être les affiches de cinéma, les avis de recherche vues dans un livre ou une émission de télévision, les affiches annonçant des activités communautaires. Passez en revue avec eux les caractéristiques habituelles d'une affiche : un titre, un message, des images (constituent une partie importante de l'affiche), peut être lue rapidement.

Caractéristiques d'un imprimé

Sers-toi de cette feuille pour indiquer les caractéristiques d'un imprimé et expliquer comment chacune aide les lecteurs.

Genre d'imprimé : _____

Caractéristique	Comment elle aide les lecteurs

Analyse de produits médiatiques

Information de base

BUT

Les produits médiatiques ont trois buts principaux : *informer, divertir* et *persuader.*

Beaucoup de produits médiatiques sont conçus pour informer les gens, c'est-à-dire pour leur fournir de l'information. Un téléjournal et un journal informent tous deux les gens de ce qui se passe dans leur localité, leur pays et le monde.

Beaucoup de produits médiatiques ont pour but de persuader les gens de faire quelque chose, comme acheter un article particulier ou donner de l'argent à un organisme de charité quelconque.

Beaucoup de produits médiatiques sont conçus pour divertir les gens. Les bandes-annonces, les vidéoclips, les bandes dessinées et les jeux vidéo en sont des exemples. Ces produits nous font rire, chanter ou jouer.

PUBLIC CIBLE

Le but, le genre et le public cible d'un produit médiatique sont interreliés. Tout produit médiatique est conçu dans un ou plusieurs buts et pour un public cible donné. Ce public cible peut être général (p. ex. n'importe quel adulte) ou particulier (p. ex. les enfants de 8 à 12 ans qui ont un intérêt quelconque).

Le choix du produit est associé à son but, mais peut aussi être influencé par le public cible. Par exemple, un produit comportant principalement des éléments graphiques convient mieux à un public cible formé de jeunes enfants qu'un produit imprimé. Le public cible est relié au but parce que le but doit convenir au public cible visé.

DÉCONSTRUCTION DES PRODUITS MÉDIATIQUES

S'ils veulent bien comprendre ce que leur communique un produit médiatique, les élèves doivent pouvoir interpréter tant les messages clairs (ceux qui sont clairement énoncés dans le texte) que les messages cachés (ceux qui sont implicites, non formulés). Ils doivent pouvoir reconnaître les valeurs (les convictions au sujet de ce qui est important dans la vie) que communique un produit médiatique et décider s'ils partagent ces valeurs. En prenant conscience des techniques de persuasion utilisées dans ces produits, ils apprennent à reconnaître les façons dont certains d'entre eux tentent de manipuler leurs publics cibles.

Idées d'activités

Reconnaître le(s) but(s) de produits médiatiques

1. Expliquez aux élèves que toute personne qui crée un produit médiatique a une raison de le faire. C'est ce qu'on appelle un *but*. Expliquez que la création d'un produit médiatique a trois buts principaux.
   - Parfois, on crée un produit médiatique pour fournir de l'information ou des idées. Le but de ce produit est d'*informer*.
   - Parfois, on crée un produit médiatique pour donner du plaisir. Les créateurs peuvent vouloir faire rire ou vouloir présenter un monde imaginaire dans un livre ou un film. Leur but est de *divertir*.
   - Parfois, on crée un produit médiatique parce qu'on veut faire croire quelque chose, ou convaincre quelqu'un d'acheter ou de faire quelque chose. Le but de ce produit est de *persuader*.

2. En groupe-classe, examinez, un à la fois, divers produits médiatiques. Demandez aux élèves pourquoi chaque produit a été créé. N'oubliez pas de les encourager à utiliser les indices présents dans le produit médiatique pour expliquer leurs réponses.

3. Pour renforcer l'idée que tout produit médiatique a un ou des buts, invitez les élèves à remplir les diverses feuilles reproductibles fournies, en choisissant celles qui conviennent le mieux à leur niveau scolaire.

Tableau de classe – Buts des produits médiatiques

Créez un tableau de classe en y inscrivant les titres « Informer », « Divertir » et « Persuader » (ou d'autres titres de votre choix). En présentant, à tour de rôle, divers produits médiatiques, invitez les élèves à dire à quelle catégorie ils appartiennent. Les élèves se rendront vite compte que certains produits appartiennent à plus d'une catégorie. Un DVD sur des bébés animaux, par exemple, peut informer et divertir.

Introduction au monde de la publicité

1. Demandez aux élèves : « Qu'est-ce qu'une annonce publicitaire ou publicité? » Expliquez-leur que les publicités tentent de convaincre les gens d'acheter ou de faire quelque chose, ou encore de croire quelque chose. Faites un remue-méninges dans le but de dresser une liste des endroits où les élèves voient des publicités (magazines, cahiers publicitaires, panneaux-réclames, emballages de produits, logos, messages publicitaires, etc.).

2. Ensuite, montrez aux élèves des échantillons de publicités imprimées. Pour chacune, demandez :
   - Qui a créé cette publicité?
   - Que tente de vous faire penser cette publicité? Quels sont les indices?
   - Comment les publicitaires tentent-ils d'attirer votre attention avec des images, des couleurs, etc.?
   - Quels mots ou expressions utilisent-ils pour vous convaincre d'acheter ce produit?

3. Créez un tableau de mots et d'expressions que les publicitaires utilisent pour convaincre les gens d'acheter leurs produits, des mots comme « super » et « incroyable », et des expressions comme « achetez avant qu'il soit trop tard » ou « le seul choix possible ».

4. Explorez plus à fond la notion de publicité en remplissant la **FR 20 : Qu'est-ce que la publicité?**

Explorer les techniques de persuasion en publicité

Lorsque vous présentez divers messages publicitaires et publicités imprimées aux élèves, examinez avec eux les façons dont les publicitaires tentent de convaincre les gens d'acheter un produit. Exemples de techniques :

- répétition de mots
- refrain entraînant
- prix
- personnages connus des enfants
- slogans accrocheurs
- musique
- rabais
- enfants qui s'amusent

Dressez une liste des techniques de persuasion sur une feuille grand format à laquelle les élèves pourront se reporter lorsqu'ils créent leurs propres publicités. Voici aussi des mots et des expressions qui font souvent partie des publicités :

- Super
- Enfin en magasin!
- Avant qu'il soit trop tard
- Vient d'arriver
- Dernière chance!
- Soyez parmi les premiers à
- Nous vous présentons
- Amélioré!
- Premier choix
- Facile
- Gratuit
- Recommandé par
- Rapide
- Dépêchez-vous!
- Tout nouveau!
- Produit naturel

Invitez les élèves à remplir la **FR 21 : Convaincre les gens d'acheter un produit**, afin de les aider à mieux comprendre cette notion.

Qu'est-ce qu'un message publicitaire?

Il est important de répéter aux plus jeunes élèves les différences entre une émission de télévision et un message publicitaire. Vous pourriez, par exemple, utiliser un chronomètre en regardant un message publicitaire avec les élèves pour leur montrer quand il commence et se termine. Un message publicitaire est très court. Une émission de télévision est longue. Soulignez que le but d'un message publicitaire est de vendre un produit, et que celui d'une émission de télévision est habituellement de divertir ou d'informer.

- Quels messages publicitaires avez-vous vus à la télévision?
- Ces messages vous ont-ils convaincus d'acheter un produit? Expliquez votre réponse.
- Quand vous voulez acheter quelque chose, à quoi devriez-vous d'abord penser?

Décoder les messages publicitaires

1. Ayez sous la main des enregistrements de messages publicitaires visant des enfants de l'âge de vos élèves. L'un des messages devrait comporter un refrain publicitaire ou un slogan répété. En groupe-classe, regardez un de ces messages publicitaires.

2. Pour amener les élèves à s'interroger régulièrement sur ce qu'ils regardent, servez-vous des amorces de discussions suivantes :
   - Qu'est-ce que ce message publicitaire essaie de nous dire?
   - Croyez-vous au message qu'il communique? Pourquoi?
   - Quel est le public cible de ce message publicitaire? Comment le savez-vous?
   - Que ressentez-vous en regardant ce message publicitaire? Expliquez votre réponse.
   - Quels éléments de ce message publicitaire ont attiré votre attention et vous ont amenés à vouloir le regarder?
   - Votre famille aimerait-elle ce message publicitaire? Pourquoi?
   - Quelle information manque-t-il dans le message communiqué?
   - Selon vous, qui a payé pour la création de ce message publicitaire? Expliquez votre réponse.

3. Voici quelques amorces de discussions se rapportant spécifiquement aux messages publicitaires qui présentent des jouets :
   - Qui fait des messages publicitaires présentant des jouets?
   - Qu'est-ce qu'il y a dans le message publicitaire qui pousse les enfants à vouloir acheter le jouet?
   - Quels messages publicitaires présentant des jouets aimez-vous regarder? Pourquoi?
   - Quels messages publicitaires présentant des jouets n'aimez-vous pas regarder? Pourquoi?
   - Selon vous, pourquoi certains jouets sont-ils basés sur des films ou des émissions de télévision pour enfants?

Refrains publicitaires et slogans

1. Expliquez aux élèves que les *refrains publicitaires* sont de courtes chansons entraînantes qu'il est facile de se rappeler, et que les *slogans* sont des mots ou des expressions qu'il est aussi facile de se rappeler. Les publicitaires créent des refrains publicitaires et des slogans pour aider les gens à se souvenir de leurs produits. Écrivez au tableau quelques exemples de refrains publicitaires et de slogans, puis demandez aux élèves de nommer le produit auquel chacun est associé.

2. Expliquez comment fonctionnent les refrains publicitaires et les slogans. Demandez aux élèves pourquoi les gens se les rappellent (sont courts, faciles à se rappeler, répétés plusieurs fois, restent dans l'esprit, leur musique est entraînante).

3. Demandez aux élèves de nommer quelques-uns de leurs refrains publicitaires et slogans préférés, puis d'expliquer pourquoi ils les aiment.

4. Invitez les élèves à créer un refrain publicitaire ou un slogan pour quelque chose, comme le fait d'être en ___ année, un nouveau produit ou leur _____ préféré(e). Une fois que les élèves ont créé leur refrain publicitaire ou slogan, suggérez-leur de le chanter sur l'air d'une chanson qu'ils connaissent comme « Frère Jacques ».

Trouver les messages clairs et les messages cachés

1. Rappelez aux élèves que tous les produits médiatiques communiquent des messages. Expliquez qu'ils ont habituellement deux types de messages, des messages clairs et des messages cachés.

2. Montrez aux élèves des échantillons de produits médiatiques. Pour chacun, parlez des messages clairs et des cachés. Demandez aux élèves ce qu'ils pensent de ces messages. Guidez-les au moyen de questions. Par exemple, dans le cas d'une bande dessinée qui contient humour et violence, demandez :
   • Qu'est-ce qui est drôle dans cette bande dessinée?
   • Quel message vous communique-t-elle au sujet de la violence?
   • Est-ce que la violence est une bonne façon de régler un problème? Pourquoi?
   • Aimez-vous cette bande dessinée? Pourquoi?
   • Qui pourrait aimer cette bande dessinée? Qui pourrait ne pas aimer cette bande dessinée?

   Dans le cas d'une publicité imprimée montrant deux garçons qui jouent avec une voiture-jouet ou à un jeu, demandez :
   • Qu'est-ce qui se passe dans cette publicité?
   • Que ressentent les garçons? Comment le savez-vous?
   • Quel message cette publicité communique-t-elle?
   • La publicité montre deux garçons qui jouent. Y a-t-il un message caché à propos de celui à qui le jouet appartient?
   • Aimeriez-vous jouer avec ce jouet? Pourquoi?

3. Les élèves peuvent utiliser la **FR 23 : Messages dans les produits médiatiques** pour explorer davantage les messages clairs et les cachés. Invitez les élèves à répondre aux questions, puis discutez de leurs réponses en groupe-classe.

Distinguer les faits des opinions

1. Discutez avec les élèves des différences entre un fait (information dont on sait qu'elle est vraie ou dont des preuves ont démontré la véracité) et une opinion (idée ou jugement personnel qui peut être ou ne pas être fondé sur des faits). Faites-leur remarquer que, parfois, il est facile de reconnaître une opinion parce qu'elle est accompagnée de mots tels que « Je crois que », « Je pense que » ou « À mon avis ».

2. Expliquez que, parfois, les gens qui expriment une opinion donnent l'impression qu'il s'agit d'un fait; par exemple : « Le printemps est la meilleure saison de l'année. » Donnez aux élèves des exemples d'énoncés et invitez-les à dire s'il s'agit de faits ou d'opinions. Voici quelques exemples :
   • Les chiens sont de meilleurs animaux familiers que les chats. (opinion)
   • Au Canada, l'été est la saison la plus chaude. (fait)
   • Le spaghetti est le mets le plus délicieux. (opinion)
   • La plupart des chaînes de télévision montrent des messages publicitaires. (fait)

3. Donnez des occasions aux élèves de distinguer les faits des opinions au moyen de divers produits médiatiques, tels que des livres informatifs et des publicités imprimées. Ils peuvent utiliser la **FR 24 : Fait ou opinion?** pour organiser leurs idées.

Examiner le point de vue de produits médiatiques

1. Demandez aux élèves ce qu'ils savent de l'histoire des trois petits cochons. Lisez la version traditionnelle à voix haute.

   Remarque : Dans plusieurs versions traditionnelles de cette histoire, le loup mange les deux premiers cochons, et le troisième cochon le prend au piège dans un chaudron d'eau bouillante. Il serait préférable que vous lisiez une version dans laquelle ni les cochons ni le loup ne meurent, version qui conviendra mieux au jeu de rôle prévu au bas de la page.

2. Demandez aux élèves qui sont les personnages principaux de cette histoire. Amenez les élèves à comprendre que l'histoire est racontée du point de vue des cochons. Elle raconte ce qui leur est arrivé : pourquoi ils ont quitté leur maison, pourquoi ils ont construit les diverses maisons et comment le dernier cochon a attrapé le loup. En lisant l'histoire, on a l'impression que ce sont les cochons qui la racontent.

3. Dites aux élèves que vous allez lire une version différente de l'histoire. Celle-là est racontée du point de vue du loup. Lisez à voix haute *La vérité sur l'affaire des trois petits cochons*. Discutez des différences entre les deux histoires. Soulignez que la façon dont le loup voit ce qui s'est passé est différente du point de vue des cochons dans la version traditionnelle.

4. Choisissez un autre conte de fées, tel que *Jacques et le haricot magique* dans le but de discuter des différents points de vue. Résumez brièvement l'histoire. Puis invitez les élèves à se demander comment l'ogre se sentait dans cette histoire. Demandez-leur comment ils se sentiraient, eux, si quelqu'un venait chez eux et leur volait une chose précieuse. Ditez aux élèves d'imaginer que c'est l'ogre qui raconte l'histoire. Discutez de ce qu'il pourrait dire. Fournissez aux élèves des amorces de phrases, telles que :

   J'étais assis à la table en train de manger ———————————————————————

   J'ai demandé à ma femme de m'apporter ———————————————————————

   Tout à coup, un garçon ———————————————————————————————

   Je l'ai poursuivi, mais ————————————————————————————————

   Maintenant, je n'ai plus d'argent parce que ——————————————————————

Jouer des histoires

1. Formez des groupes de quatre élèves. Donnez l'histoire *Les trois petits cochons* ou *La vérité sur l'affaire des trois petits cochons* à chaque groupe. Dans chaque groupe, assignez les rôles du 1er cochon, du 2e cochon, du 3e cochon et du loup (ou invitez les élèves à choisir les rôles).

2. Dites aux élèves que vous allez jouer le rôle d'un(e) journaliste qui interroge chaque groupe sur les événements de la journée. Les élèves répondent aux questions comme s'ils étaient les personnages. Laissez aux élèves le temps de réfléchir à ce que leurs personnages pourraient dire sur les événements et sur ce qu'ils ont ressenti, puis interviewez chaque groupe.

Imagination : Histoires captivantes

Des produits médiatiques tels que les films, les livres et les émissions de télévision offrent aux gens des occasions de s'évader de la réalité, d'aller dans un monde où les humains et les animaux peuvent faire des choses ou jouer des rôles qui ne sont pas possibles dans la réalité. Dans certains produits médiatiques, les animaux peuvent parler et faire des choses que font les humains, et les humains peuvent faire des actions surhumaines comme voler ou traverser des murs. Servez-vous de la **FR 25 : Histoires captivantes** pour explorer la façon dont l'imagination permet de créer des histoires.

Distinguer les produits médiatiques de la réalité

Les idées de films, de livres et d'émissions de télévision sont le fruit de l'imagination d'écrivains, mais elles peuvent aussi être tirées de la réalité. Souvent, on exagère des situations réelles dans les produits médiatiques pour les rendre drôles ou irréalistes. Par exemple, certaines personnes peuvent sauter très haut dans la réalité, mais dans un film, la ou le scénariste exagérera cette habileté, et son personnage pourra sauter par-dessus un édifice. Les élèves devraient pouvoir distinguer les choses qui peuvent se produire dans la réalité de celles qui ne le peuvent pas. Ils peuvent utiliser la **FR 26 : Réel ou non?** pour décider si une histoire, une émission ou un film est proche de la réalité ou non. Invitez les élèves à discuter avec leurs camarades de ce qu'ils ont découvert.

• Cette histoire pourrait-elle se produire dans la réalité? Expliquez votre réponse.
• En quoi ressemble-t-elle à la réalité? En quoi est-elle différente de la réalité?
• Comment l'auteure ou auteur et l'illustratrice ou illustrateur font-ils en sorte que l'histoire et les illustrations semblent réelles?
• Comment est-ce que la ou le cinéaste fait en sorte que son histoire semble réelle?
• Aimez-vous ce livre, ce film ou cette émission? Pourquoi?
• Selon vous, les gens vont-ils tous avoir la même opinion? Pourquoi?

Tenir compte du public cible

1. Expliquez aux élèves que tout produit médiatique vise un public particulier, et que ce public peut être nombreux ou limité. Par exemple, un bottin téléphonique vise un public très nombreux (toutes les personnes qui utilisent un téléphone). Mais si un élève écrit sur un feuillet autoadhésif « Éduc. phys. ce jeudi », ce produit médiatique ne vise qu'un public très limité, c'est-à-dire seulement la personne qui a écrit la note.

2. Posez aux élèves des questions générales sur les livres qu'ils aiment. Par exemple :
   • Quel est votre livre d'images préféré?
   • Selon vous, qui d'autre aimerait lire ce livre?
   • Selon vous, qui n'aimerait pas lire ce livre?
   • Selon vous, pour qui ce livre a-t-il été écrit?

Poursuivez la discussion avec d'autres exemples, comme des publicités imprimées, des émissions de télévision, des jeux d'ordinateur et des sites Web. Puis expliquez aux élèves que tous ces produits médiatiques sont créés pour un public cible, c'est-à-dire le groupe de personnes qui va les aimer, les acheter ou les utiliser.

Des céréales pour qui?

1. Montrez aux élèves une boîte de céréales pour enfants. Laissez-leur le temps de l'examiner. Demandez-leur de décrire ce qu'ils y voient. Notez leurs réponses au tableau. Amenez-les à remarquer des éléments comme le nom des céréales, les images de personnages familiers, les jeux, les couleurs, les polices de caractères, les mots ou expressions, les ingrédients, la valeur nutritive.

2. Faites la même chose avec une boîte de céréales pour adultes.

3. Lisez vos listes de réponses avec les élèves. Demandez-leur en quoi les boîtes se ressemblent et en quoi elles diffèrent. Ils remarqueront peut-être que, sur la boîte de céréales pour enfants, il y a un personnage qu'ils ont vu à la télévision ou dans un livre. Sur la boîte de céréales pour adultes, il y aura plutôt une vraie personne en train de faire quelque chose qui est bon pour la santé. La valeur nutritive est indiquée sur les deux boîtes. La boîte de céréales pour enfants contient peut-être un jouet ou un jeu, mais pas celle des adultes.

4. Passez en revue les mots et expressions utilisés sur les deux types de boîtes. Discutez-en avec les élèves en soulignant des mots amusants comme « crrroquants! » et des mots plus sérieux comme « grains entiers ».

5. Discutez avec les élèves des raisons pour lesquelles chacune des boîtes plairait au public pour lequel elle a été créée.

6. Activité supplémentaire : Demandez aux élèves de plier une grande feuille de papier en deux. Sur l'une des moitiés, ils créent une publicité pour un produit ou un service visant les enfants. Sur l'autre moitié, ils créent une publicité pour le même produit ou service, mais à l'intention des adultes. Quand les élèves ont fini, demandez-leur d'expliquer les techniques de persuasion qu'ils ont utilisées pour chacune de leurs publicités.

Personnages préférés

1. Demandez aux élèves de nommer leurs personnages préférés de livres, d'émissions de télévision (y compris de dessins animés) et de films. Dressez-en une liste au tableau. Discutez des raisons pour lesquelles ces personnages sont leurs préférés en posant des questions telles que :
   • Qu'aimez-vous de ce personnage?
   • Comment agit ce personnage? Comment parle-t-il? Quels vêtements porte-t-il?
   • Quel message le personnage communique-t-il? Que vous dit-il sur la façon de se comporter?
   • Voulez-vous être comme ce personnage? Pourquoi?

2. Remettez aux élèves la **FR 27 : Mon personnage préféré**. Invitez-les à dessiner le personnage en train de faire quelque chose qui explique pourquoi ils l'aiment. Demandez-leur de compléter la phrase pour dire ce qu'ils aiment ou admirent le plus chez ce personnage. Encouragez-les à écrire plus d'une phrase s'ils le peuvent.

Qu'est-ce qu'un but?

Un but est la raison pour laquelle on fait quelque chose. Presque tout ce que tu fais a un but. Voici quelques exemples.

Ce que tu fais		Ton but
Mettre un chandail		Être bien au chaud
Arroser une plante		Aider la plante à pousser
Aller à l'école		Apprendre
Te coucher		Te reposer
Jouer avec des jouets		T'amuser

Penses-y!

Qu'est-ce qu'un but?

Pense à deux choses que tu fais dans une journée et explique le but de chacune.

Ce que je fais	Quel est le but?

Les buts des produits médiatiques

Les gens créent des produits médiatiques pour diverses raisons, c'est-à-dire dans divers buts. Les différents genres de produits que nous voyons ou entendons ont des buts différents.

Quels sont certains des buts des différents genres de produits médiatiques? Regarde le tableau ci-dessous.

Produit médiatique	But
Message publicitaire	Convaincre les gens d'acheter quelque chose
Livre d'images	Donner du plaisir aux gens qui lisent l'histoire et regardent les illustrations
Téléjournal	Informer les gens de ce qui se passe dans le monde

Penses-y!

Les buts des produits médiatiques

1. Carlo regarde un message publicitaire qui présente un nouveau jouet robotique. Quel est le but du message publicitaire?

_____

2. Sophie lit une recette de gâteau. Quel est le but de la recette?

_____

suite à la page suivante ☞

FR 17

3. Certains produits médiatiques ont pour but de donner de l'information. D'autres ont pour but de divertir les gens. Indique au moyen d'un crochet le but de chacun des produits médiatiques ci-dessous.

Produit médiatique	Quel est le but?
a) Bande dessinée	 ☒ Donner de l'information ☒ Divertir les gens
b) Journal	 ☒ Donner de l'information ☒ Divertir les gens
c) Bulletin météo à la radio	 ☒ Donner de l'information ☒ Divertir les gens
d) Film	 ☒ Donner de l'information ☒ Divertir les gens
e) Jeu-questionnaire télévisé	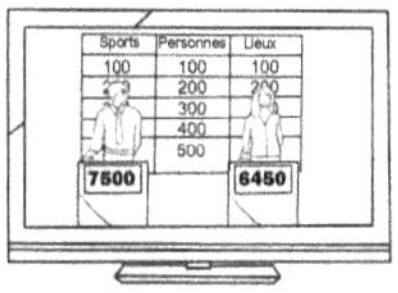 ☒ Donner de l'information ☒ Divertir les gens
f) Carte géographique	 ☒ Donner de l'information ☒ Divertir les gens
g) Menu	 ☒ Donner de l'information ☒ Divertir les gens
h) Chanson	 ☒ Donner de l'information ☒ Divertir les gens

Quel est le but?

1. Lis les descriptions des genres de produits médiatiques.

2. Indique le but de chacun des produits au moyen d'un crochet.

Produit médiatique	But
a) Une recette de biscuits	☒ Informer ☒ Persuader ☒ Divertir
b) Un dessin animé	☒ Informer ☒ Persuader ☒ Divertir
c) Un article dans le journal au sujet d'une partie de hockey	☒ Informer ☒ Persuader ☒ Divertir
d) Une publicité pour un nouveau type de chaussures de course	☒ Informer ☒ Persuader ☒ Divertir
e) Un message publicitaire télévisé annonçant un nouveau film	☒ Informer ☒ Persuader ☒ Divertir
f) Un jeu vidéo dont la vedette est une grenouille	☒ Informer ☒ Persuader ☒ Divertir

FR 18

Quel est le but du produit médiatique?

- Mets un **$** si la personne qui a créé le produit médiatique veut que tu achètes quelque chose.

- Mets un **?** si la personne qui a créé le produit médiatique veut te dire quelque chose.

- Mets un ☺ si la personne qui a créé le produit médiatique veut que tu t'amuses.

Les aventures de Julien Lapin

_____

Les animaux de la forêt

_____

Viens à notre journée sportive!

Où : Dans la cour d'école
Quand : Mardi à 15 h

_____

Le cycle de vie d'une grenouille

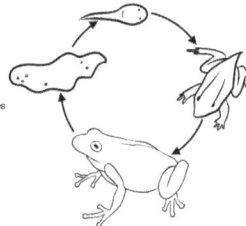

_____

Qu'est-ce que la publicité?

Des entreprises fabriquent des produits, tels que des chaussures de course, des céréales et des jouets. Elles vendent leurs produits afin de s'enrichir.

Pour vendre leurs produits, les entreprises créent des messages qui présentent leurs produits aux gens. Présenter un produit aux gens, c'est *faire de la publicité.*

Différents types de publicités

Tu as vu et entendu des messages publicitaires à la télévision et à la radio. Un message publicitaire est un type de publicité. En voici d'autres :

• publicités dans un magazine,

• panneaux-réclames,

• emballages des produits.

Les buts de la publicité

Les entreprises font de la publicité pour deux raisons :

• pour présenter aux gens les produits qu'elles vendent;

• pour convaincre les gens d'acheter leurs produits.

Beaucoup d'entreprises offrent le même type de produit. Par exemple, la compagnie Soupe d'Henri offre une soupe aux légumes. La compagnie Soupe Savoureuse offre aussi une soupe aux légumes. Chaque entreprise veut que tu achètes sa soupe aux légumes plutôt que celle de l'autre entreprise. Alors, chacune va faire de la publicité pour vendre sa soupe. Dans ses publicités, chaque entreprise tentera de te convaincre que sa soupe est meilleure que celle de l'autre entreprise.

Qu'est-ce que la publicité?

Pense aux produits dont tu as vu des publicités. Choisis un produit alimentaire et un jouet ou un jeu. Puis réponds aux questions ci-dessous.

Produit alimentaire

1. Quel produit alimentaire as-tu choisi?

_____

_____

2. Quel type de publicité t'a présenté ce produit?

_____

_____

3. La publicité a-t-elle réussi à te convaincre d'acheter ce produit? Pourquoi?

_____

_____

Jouet ou jeu

4. Quel jouet ou jeu as-tu choisi?

_____

5. Quel type de publicité t'a présenté ce produit?

_____

6. La publicité a-t-elle réussi à te convaincre d'acheter ce produit? Pourquoi?

_____

_____

_____

FR 20

Convaincre les gens d'acheter un produit

La publicité a pour but de convaincre les gens d'acheter le produit qu'elle annonce. Voici quelques techniques qu'utilisent les publicitaires pour y arriver.

Présentent des faits au sujet du produit

Un fait est une information qui est toujours vraie. En voici un exemple : *Les céréales Super Crounch sont faites de blé*. L'entreprise qui fabrique ces céréales peut prouver qu'elles sont toujours faites de blé. Il s'agit d'un fait parce que cette information est toujours vraie.

Donnent des opinions au sujet du produit

Une opinion est une information qui est vraie pour certaines personnes, mais pas pour tout le monde. En voici un exemple : *Les céréales Super Crounch sont les meilleures que j'aie jamais mangées*. Certaines personnes seront d'accord avec cette opinion. Mais d'autres personnes penseront que d'autres céréales ont meilleur goût. L'opinion selon laquelle les Super Crounch ont le meilleur goût n'est pas vraie pour tout le monde.

Comparent leur produit à d'autres produits semblables

Imagine que tu as créé un nouveau type de céréales nommé Bouchées Miam. Tu veux convaincre les gens d'acheter tes céréales plutôt que les Super Crounch. Ta publicité pourrait comparer les deux. Voici deux exemples :

• Bouchées Miam contient plus de vitamines que Super Crounch.

• Bouchées Miam offre un jouet, mais Super Crounch n'en offre pas.

FR 21

Convaincre les gens d'acheter un produit

1. Lis ces énoncés, que tu pourrais voir dans des publicités. Indique avec un crochet si chacun est un fait ou une opinion.

Énoncé	Fait ou opinion?
a) Les chaussures de course Super Vitesse sont offertes en quatre couleurs.	☒ Fait ☒ Opinion
b) Tu aimeras tes chaussures de course Super Vitesse.	☒ Fait ☒ Opinion
c) Toute ta famille aimera le jeu de société Course à la Montre.	☒ Fait ☒ Opinion
d) Le jeu Course à la Montre comprend quatre pions et deux dés.	☒ Fait ☒ Opinion

2. Pense à un produit que ta famille ou toi avez acheté. Donne un fait et une opinion au sujet du produit.

Nom du produit : _____

Un fait au sujet du produit : _____

_____

_____

Une opinion au sujet du produit : _____

_____

_____

suite à la page suivante ☞

3. Quel est ton aliment préféré? _____

Crée un personnage associé à l'aliment.

Donne-lui un nom. _____

Dessine le personnage associé à ton aliment préféré. Ajoute quelques mots pour créer une publicité.

4. Quels éléments de ta publicité pousseront les enfants à vouloir acheter ton aliment préféré? _____

_____

_____

FR 21

Détective Média

Regarde une publicité imprimée ou télévisée. Réponds à ces questions :

Type de publicité : _____

Quel est le message?	Quels sont les indices?

Qui a créé la publicité?	Quels sont les indices?

Quel est le public cible de la publicité?	Quels sont les indices?

Comment la publicité s'y prend-elle pour convaincre son public cible?	Quels sont les indices?

Messages dans les produits médiatiques

Messages clairs

Les produits médiatiques que nous voyons nous communiquent des messages qui sont clairs. Un livre d'images nous raconte ce qui arrive aux personnages de l'histoire. Un message publicitaire nous annonce un produit que les gens peuvent acheter. Ces messages sont faciles à comprendre parce que les mots nous communiquent le message.

Messages qui ne sont pas clairs

Parfois, un produit médiatique nous communique un message qui n'est pas clair parce qu'il n'est pas exprimé avec des mots. Voyons un exemple.

Imagine une publicité pour un nouveau jeu de société. La publicité nous donne le nom du jeu et nous explique comment y jouer. Ce sont des messages clairs.

La publicité montre un groupe d'enfants qui jouent au jeu. Les enfants rient et s'amusent. Cette partie de la publicité nous communique ce message : « Si tu achètes ce jeu, tu auras autant de plaisir à y jouer que les enfants dans cette publicité. » La publicité ne communique pas ce message avec des mots. Ce qui communique le message, c'est la vidéo montrant les enfants qui s'amusent.

Les produits médiatiques nous communiquent parfois des messages qui ne sont pas clairs parce que les messages ne sont pas communiqués avec des mots.

Messages dans les produits médiatiques

1. Réfléchis à la publicité décrite dans le texte intitulé « Messages dans les produits médiatiques ». Imagine que cette publicité montre des enfants qui s'ennuient à jouer à ce jeu. Quel message une telle publicité communiquerait-elle?

_____

_____

_____

2. Imagine que la publicité pour le jeu montre des adultes en train d'y jouer. Quel message serait alors communiqué au sujet du public cible pour ce jeu?

_____

_____

_____

3. La publicité pour le jeu montre des enfants qui s'amusent en y jouant. Est-ce que cela veut dire que tout le monde aimera jouer à ce jeu? Pourquoi?

_____

_____

_____

_____

Fait ou opinion?

Produit médiatique : _____

But du produit médiatique : _____

Courte description du produit médiatique : _____

_____

Cherche des exemples de faits et d'opinions dans le produit médiatique que tu analyses.

Fait	Opinion

Histoires captivantes

Qu'est-ce qui est vrai dans les histoires?

On ne trouve pas des histoires que dans les livres. Les films et les émissions de télévision racontent aussi des histoires. Il se produit des événements captivants dans beaucoup d'histoires.

Parfois, les histoires racontent des événements qui peuvent vraiment se produire. Tu lis une histoire au sujet d'une fille qui trouve un trésor caché. Cela pourrait vraiment se produire. Il arrive que des gens trouvent des trésors cachés.

Tu pourrais aussi voir un film où un garçon peut devenir invisible. Dans la réalité, les gens ne peuvent pas devenir invisibles. Parfois, ce qui se produit dans une histoire ne peut pas se produire dans la réalité.

Sers-toi de ton imagination

Les gens font appel à leur imagination pour créer des histoires intéressantes. Tu pourrais, par exemple, écrire une histoire au sujet d'un endroit où tous les arbres sont bleus. Il n'existe pas de tel endroit dans la réalité, mais ce pourrait être amusant d'écrire cette histoire.

Tu pourrais écrire une histoire au sujet de monstres bizarres couverts d'une fourrure mauve. Dans la réalité, il n'y a pas de monstres avec une fourrure mauve. Quand tu écris une histoire, tu fais appel à ton imagination pour parler de choses qui ne sont pas réelles.

Les gens font appel à leur imagination pour créer les histoires racontées dans des livres, des émissions de télévision et des films. Certaines parlent de choses qui ne sont pas réelles. Tout peut arriver dans une histoire!

1. Dans un conte de fées, un garçon plante une graine. La graine devient une plante qui grandit tant qu'elle finit par atteindre le ciel.

   Mets un **crochet** à côté des événements qui pourraient se produire dans la réalité. Mets un **X** à côté de ceux qui ne pourraient pas se produire dans la réalité.

   _____ **Un garçon plante une graine.**

   _____ **La graine devient une plante.**

   _____ **La plante grandit tant qu'elle finit par atteindre le ciel.**

2. Dans une émission de télévision, une fille reçoit un robot-jouet pour son anniversaire. Elle le programme pour qu'il fasse tous ses devoirs pour elle. Puis son chat saute sur son bureau. Le chat dit : « Tu ne devrais pas laisser le robot faire tes devoirs pour toi! »

   a) Écris deux événements de cette émission qui pourraient se produire dans la réalité.

   _____

   _____

   _____

   _____

   b) Écris deux événements de cette émission qui ne pourraient pas se produire dans la réalité.

   _____

   _____

   _____

   _____

FR 25

Réel ou non?

Lis ou écoute une histoire, ou encore regarde un film ou une émission de télévision. Écris ci-dessous les événements qui pourraient se produire dans la réalité, et ceux qui ne le pourraient pas.

Le produit médiatique à propos duquel j'écris :

☒ une histoire que j'ai lue ou entendue

☒ une émission de télévision

☒ un film

Titre : _____

a) Événements qui pourraient se produire dans la réalité :

_____

_____

_____

_____

_____

b) Événements qui ne pourraient pas se produire dans la réalité :

_____

_____

_____

_____

_____

_____

Mon personnage préféré

1. Dessine ci-dessous ton personnage préféré.

2. Montre-le en train de faire quelque chose qui explique pourquoi tu l'aimes.

3. Complète la phrase au bas de la page.

_____

est mon personnage préféré parce que _____

_____

Création de produits médiatiques

Information de base

Le but du renforcement de la compétence médiatique est d'encourager les élèves à devenir des consommateurs avertis de produits médiatiques. Ils apprennent à distinguer les faits des opinions, à interpréter les messages clairs et les cachés, à comprendre les valeurs véhiculées dans les produits médiatiques et à reconnaître les techniques de persuasion utilisées. Cependant, les élèves doivent aussi apprendre à créer des produits médiatiques efficaces. L'analyse et la création de produits médiatiques sont des activités qui s'appuient l'une et l'autre. Lorsqu'ils créent leurs propres produits, les élèves peuvent mettre en application les habiletés acquises lors de l'analyse de ce type de produit. En créant des produits médiatiques, les élèves apprendront les décisions qu'ils doivent prendre, et prendront ces décisions selon le but, le type et le public cible de leurs produits. Ils développeront ainsi leur habileté à déconstruire les produits médiatiques qu'ils lisent, regardent et écoutent.

Écouter une ou un spécialiste en médias

Invitez dans votre classe une personne dont le travail se rapporte à la création de produits médiatiques, par exemple, un reporter d'un journal ou d'un poste de télévision local, une graphiste, un concepteur Web, ou encore une personne travaillant dans une agence de publicité. Demandez à la personne invitée d'expliquer son travail aux élèves et, si possible, de leur montrer des produits médiatiques qu'elle a aidé à créer. (Vous lui aurez résumé, au préalable, ce que les élèves ont appris sur les médias et demandé d'aborder certains de ces sujets pendant la présentation.) Allouez du temps pour les questions des élèves.

Conseils pour les activités de création

• Modelez les habiletés requises, à plusieurs reprises si nécessaire. Si les élèves ne connaissent pas bien les caractéristiques et les conventions d'un genre de produit médiatique, ils auront de la difficulté à créer un produit efficace.
• Veillez à avoir sous la main le matériel nécessaire pour tous les élèves, ainsi qu'un exemple du produit à créer.
• Faites en sorte que chaque élève ait une chemise où garder son portfolio de travaux se rapportant aux médias ainsi que son cahier d'apprentissage.

Idées d'activités

Explorer la création de produits médiatiques

Pour aider les élèves à créer les produits médiatiques ci-dessous, invitez-les à lire et à remplir la **FR 28 : Création de produits médiatiques**, qui leur fournira les fondations sur lesquelles bâtir leurs idées.

Bulletin d'information de la classe

Informez les parents des activités de classe au moyen d'un bulletin d'information hebdomaire très simple! Les élèves peuvent utiliser la **FR 34 : Notre bulletin d'information** pour créer un bulletin d'une page décrivant les activités qu'ils font en classe au cours de la semaine. Leur bulletin peut contenir des dessins, des mots, des images découpées ou une combinaison de ces éléments. Quand les élèves ont fini leur bulletin, ils peuvent le montrer à leurs camarades. Encouragez-les à l'apporter à la maison pour le montrer à leur famille ou à la personne qui s'occupe d'eux.

Dans le cas des plus jeunes élèves, prenez quelques minutes à la fin de chaque jour pour leur demander ce qu'ils ont appris à l'école. Notez chaque commentaire dans la case du jour approprié. Vous voudrez peut-être aussi indiquer les initiales de l'élève ayant fait le commentaire. Servez-vous de la case des remarques pour recommander un site Web aux parents ou leur rappeler une information importante.

Signet personnel

Les élèves peuvent créer un signet à thème, au moyen de la **FR 35 : Mon propre signet**. Le thème pourrait être un passe-temps, sa matière préférée ou un sujet associé à la classe. Invitez les élèves à écrire, à faire un dessin ou à coller des images sur le recto et le verso de leur signet. Certains élèves préféreront peut-être y écrire une expression qu'ils aiment ou quelques mots, ou encore y mettre une combinaison d'images et de mots. Invitez ensuite les élèves à découper avec soin leur signet, à le plier en deux sur la longueur, puis à coller les deux côtés ensemble.

T-shirt de l'amitié

Faites un remue-méninges avec les élèves sur ce que signifie être une bonne amie ou un bon ami. Demandez : « Qu'est-ce qui fait qu'une personne est une bonne amie ou un bon ami pour vous? Que fait une bonne amie ou un bon ami? Qu'est-ce que cette personne dit? Comment agit-elle? » Au moyen de la **FR 36 : T-shirt de l'amitié**, les élèves peuvent créer un t-shirt sur lequel ils indiqueront des façons d'être une bonne amie ou un bon ami. Ils peuvent le faire avec des mots seulement, ou peuvent ajouter des dessins ou des images découpées. Accrochez les t-shirts aux murs, puis faites un parcours interactif de la classe pour les examiner.

Récapitulation d'une histoire

Dites aux élèves qu'ils vont récapituler une histoire dans leurs propres mots. Invitez les élèves à choisir une histoire parmi leurs préférées ou parmi celles lues en classe. Rappelez aux élèves que toute histoire a un début, un milieu et une fin. La **FR 37 : Récapitulation captivante d'une histoire** leur servira de guide. Vous pourriez aussi demander aux élèves de récapituler une même histoire, mais de différents points de vue, puis de comparer leurs versions.

Drapeau personnel

Demandez aux élèves de créer un drapeau qui leur est propre, au moyen de la **FR 40 : Mon propre drapeau**. Le drapeau peut représenter quelque chose qui les intéresse ou qui se rapporte à leur patrimoine familial. Encouragez-les à créer un drapeau unique en son genre. Mettez à leur disposition le matériel de dessin dont ils auront besoin.

Atelier d'écriture d'une histoire

Les élèves peuvent rédiger une histoire en se servant de la **FR 41 : Atelier d'écriture d'une histoire** pour les guider. Une fois leur histoire finie, proposez-leur d'utiliser l'ordinateur pour la mettre en page ou de l'illustrer dans un style particulier.

Acrostiche

Expliquez aux élèves ce qu'est un acrostiche. Un nom propre ou un mot est d'abord écrit verticalement, une lettre par ligne. Chaque lettre est utilisée comme début d'une phrase ou d'un mot qui décrit le nom ou le mot original, ou y est relié. Exemple :

Emma est ma soeur   **V**oilà de beaux vélos

Ma meilleure amie aussi   **E**n été, comme au printemps

Mais parfois, elle est de mauvaise humeur   **L**es enfants aiment faire du vélo

Alors, j'essaie de la faire rire   **O**ù il leur plaît

Les élèves peuvent se servir de la **FR 42 : Un acrostiche** pour rédiger leur poème.

Carte postale

Les élèves peuvent se servir de la **FR 43 : Ma carte postale** pour créer des cartes postales envoyées de lieux réels ou imaginaires.

Avis de recherche

Invitez les élèves à concevoir un avis de recherche pour un personnage d'un livre ou d'une émission de télévision. Ils peuvent utiliser la **FR 44 : Avis de recherche** comme modèle. Encouragez-les à écrire des mots accrocheurs, comme « le plus rapide », « le plus lent », « le plus méchant », « le plus fort », « le plus fou » ou « le plus bruyant » pour décrire le personnage et expliquer pourquoi on le recherche. Rappelez-leur de mentionner l'endroit où on l'a vu la dernière fois, ainsi que la récompense qui sera remise pour sa capture.

Communiquer des directives

Donnez aux élèves des occasions d'expliquer comment faire quelque chose ou comment se rendre quelque part. Rappelez-leur qu'ils doivent bien réfléchir à l'ordre des directives avant de les écrire.

1. Qu'est-ce qui se produit en premier?
2. Qu'est-ce qui se produit ensuite?
3. Qu'est-ce qui se produit après cela?
4. Qu'est-ce qui se produit en dernier?

Signalez-leur des mots qui aideront les autres à suivre leurs directives. Par exemple :
• Mots indiquant l'ordre : d'abord, premier, deuxième, dernier, prochain, après, avant
• Mots pour les directives : à droite, à gauche, tout droit, devant, derrière
• Mots pour une marche à suivre : tourner, mettre, tenir, appuyer, arrêter

Composez d'abord des directives en groupe-classe, puis demandez aux élèves de rédiger leurs propres directives.

Critique d'un livre, d'une pièce de théâtre ou d'un film

Invitez les élèves à rédiger leur propre critique d'un livre, d'une pièce de théâtre ou d'un film. Ils peuvent se servir de la **FR 45 : Rédige une critique** comme modèle.

Joli timbre

Invitez les élèves à concevoir un timbre en se servant de la **FR 46 : Un joli timbre**. Discutez avec eux des personnes, animaux ou lieux qu'on voit sur les timbres. Demandez-leur pourquoi ces personnes, animaux ou lieux ont été présentés de cette façon. Signalez-leur que les timbres portent, entre autres, des images de personnages canadiens célèbres, de plantes et d'animaux provinciaux, d'espèces en voie de disparition, et d'événements (Jeux olympiques). Les élèves pourront ensuite concevoir un timbre porteur d'un message important pour eux.

Élève de la semaine

La sélection d'une ou d'un Élève de la semaine est une bonne façon de nourrir l'estime de soi et de faire naître la fierté chez les élèves. Cela encourage aussi les élèves à mieux faire connaissance avec leurs camarades et leur rappelle qu'ils sont tous membres de la communauté qu'est la classe. Au début de l'année, invitez les familles à choisir la semaine où leur enfant sera l'Élève de la semaine. Comme préparatifs pour la semaine, les familles devront envoyer en classe des photos de l'élève à y afficher (l'élève bébé, p. ex.) et un sac d'objets que l'élève aimerait montrer à ses camarades et exposer. Créez un tableau d'affichage qui portera de l'information sur l'Élève de la semaine, des photos et quelques-uns de ses travaux. Vous pourriez aussi y ajouter des notes écrites par ses camarades pour la ou le féliciter, ou lui faire des compliments.

Une image vaut...

Invitez les élèves à peindre un dessin ou à prendre une photo de quelque chose dans leur quartier. Demandez-leur de lui donner un titre et d'y ajouter une légende décrivant l'image. Les éléments graphiques, tels que les photos et les illustrations, sont des éléments importants dont on se sert dans les journaux et les magazines. Les élèves pourraient plutôt choisir une photo dans un magazine ou un journal.

Bâtir un site Web de classe

Il vaut vraiment la peine de consacrer du temps à la création d'un site Web de classe. Servez-vous de ce site pour montrer toutes les choses merveilleuses qui se passent dans votre classe.

Grand livre de classe

Tous ensemble, préparez et publiez un grand livre de classe. Assignez-en une page à chaque élève ou faites travailler les élèves en petits groupes. La complexité du grand livre dépendra des habiletés des élèves. Les élèves plus jeunes peuvent écrire, en lettres moulées, un mot manquant dans une phrase, puis créer une illustration pour leur page. Les élèves plus vieux peuvent d'abord faire une ébauche de leur page et planifier la mise en page. Vous pourriez laisser les élèves apporter le grand livre à la maison à tour de rôle pour le montrer à leur famille.

Idées pour un grand livre de classe :
• une histoire tirée d'un livre de classe préféré ayant un texte répétitif
• un abécédaire à thème
• des souvenirs de sorties éducatives
• une collection de comptes rendus se rapportant à un sujet étudié
• les préférences (animaux, lieux, jouets, etc.)
• la récapitulation d'une histoire en imitant le style de l'illustratrice ou illustrateur
• la récapitulation d'une histoire du point de vue d'un autre des personnages

Menu d'un restaurant

Invitez les élèves à examiner des menus provenant de divers restaurants. Faites un remue-méninges dans le but de dresser une liste des caractéristiques habituelles d'un menu. Discutez du langage persuasif et des éléments graphiques qui rendent les menus attrayants. Demandez aux élèves de créer leurs propres menus à l'intention d'un public cible particulier.

Exposé oral

Invitez les élèves à utiliser la **FR 47 : Plan d'un exposé oral** afin de se préparer pour une activité orale ou l'expression d'une réaction à quelque chose qu'ils ont vu ou lu.

Livre parlé

En groupe-classe ou en petits groupes, enregistrez une version audio d'un livre d'images. Distribuez les rôles, et insérez des effets sonores et de la musique pour faire ressortir les moments dramatiques ou clés de l'histoire. Demandez aux élèves de trouver le message principal du livre et de voir comment il est exprimé dans la nouvelle version.

Amorces de discussions :
• Interprétons-nous les messages différemment, selon que nous écoutons ou que nous lisons?
• Le message est-il le même dans les deux genres de produits médiatiques?
• Avez-vous remarqué de nouveaux détails dans le texte ou les messages en créant une version audio?
• Quelles parties de l'histoire font plus d'effet dans le livre?
• Quelles parties de l'histoire font plus d'effet dans le livre parlé?
• En quoi l'interprétation du dialogue dans une forme audio change-t-il le livre?

Carte de souhaits

Faites un remue-méninges avec les élèves dans le but de dresser une liste des raisons pour lesquelles les gens donnent des cartes de souhaits. Invitez les élèves à choisir un message pour leur carte, puis à créer celle-ci. Encouragez les élèves à communiquer leur message au moyen d'une devinette ou d'un poème, ou encore de manière humoristique.

Courrier du cœur

Certains journaux et magazines contiennent une rubrique courrier du cœur dans laquelle une personne donne des conseils à des gens qui veulent trouver une solution à un problème. Faites un remue-méninges avec les élèves dans le but de dresser une liste de problèmes pour lesquels les gens pourraient demander des conseils. Invitez les élèves à choisir un problème dans la liste ou à penser à une autre situation problématique, puis à utiliser la **FR 48 : Des conseils** pour écrire leur lettre. Vous pourriez demander aux élèves de lire leurs lettres à la classe.

Se sentir fier de soi

Toute personne a des raisons de se sentir fière d'elle-même. Invitez les élèves à écrire 10 raisons pour lesquelles ils se sentent fiers sur la **FR 49 : Je suis fière/fier de moi!** Encouragez-les à écrire des phrases complètes.

Symboles

Passez en revue avec les élèves les façons de communiquer un message sans mots. Faites un remue-méninges dans le but de dresser une liste de symboles présents dans votre localité. Puis mettez les élèves au défi de créer leurs propres symboles dans le but de communiquer un message particulier.

Carte ou plan

Les cartes et les plans ont plusieurs buts. Ils indiquent l'emplacement de villes, de provinces, de pays et de continents. Ils peuvent aussi indiquer l'emplacement d'un endroit à l'intérieur d'un édifice, d'un centre commercial, d'un zoo et d'un parc d'attractions. Ils peuvent même montrer des lieux imaginaires ou l'emplacement d'un trésor de pirates! Invitez les élèves à utiliser la **FR 50 : Mon plan génial** pour dessiner un plan montrant les objets dans leur chambre à coucher, leur classe ou leur terrain de jeux, ou encore pour indiquer l'emplacement d'un trésor de pirates sur une île. Les plans peuvent être simples ou détaillés, selon l'habileté de chaque élève. Rappelez aux élèves d'ajouter une légende à leur plan.

Affiche

On se sert d'affiches dans le but de faire de la publicité pour une activité scolaire, un spectacle, un film, une émission de télévision, un CD, un vêtement, un parfum, un produit de beauté, un aliment, une boisson, un magasin, un véhicule ou une destination touristique. Elles annoncent aussi les activités à venir. Invitez les élèves à concevoir une affiche publicitaire de leur choix ou pour l'un des éléments de la liste ci-dessus. Rappelez-leur d'utiliser des expressions ou des mots persuasifs. La **FR 51 : Liste de vérification - Affiche** les aidera à créer une affiche intéressante, persuasive et accrocheuse.

Jeu de société

Invitez les élèves à développer, en petits groupes, une idée pour un nouveau jeu de société. La **FR 52 : Invente un jeu de société** leur donne des idées de jeux et leur fournit une marche à suivre pour concevoir leur jeu. Une fois son jeu fini, un groupe d'élèves peut en inviter un autre à venir y jouer.

Dernières nouvelles!

Invitez les élèves à choisir leur histoire ou livre préféré. Demandez-leur d'utiliser la **FR 53 : Un reportage** pour rédiger un court reportage sur un personnage ou un événement de l'histoire. Rappelez-leur d'utiliser des mots accrocheurs qui inciteront les gens à vouloir lire leur reportage. Les élèves voudront peut-être aussi écrire un reportage sur un fait réel, tel qu'une activité scolaire ou une sortie éducative.

Collage au sujet d'un personnage

Invitez les élèves à choisir un personnage de leur histoire ou livre préféré, puis à créer un collage au sujet de ce personnage, au moyen d'images ou de mots découpés dans des magazines, des brochures ou des journaux. Les élèves colleront les images et les mots sur une feuille de papier. Affichez les collages sur les murs, puis faites un parcours interactif de la classe pour les examiner.

Pantomime

La pantomime est l'activité idéale pour apprendre aux élèves à interpréter une histoire sans parler. Expliquez-leur qu'ils ne peuvent utiliser que des gestes, des expressions faciales et des mouvements de leur corps pour communiquer une action particulière de l'histoire. Donnez-leur d'abord diverses actions à jouer de cette façon afin qu'ils puissent s'exercer à exécuter une pantomime. Demandez-leur, par exemple, de faire l'action de manger quelque chose de délicieux, puis de manger quelque chose d'horrible, de se brosser les dents, d'être surpris. Invitez-les à imiter des personnes ou des animaux faisant diverses activités.

Quintil

Un quintil compte cinq vers, et décrit une personne, un endroit ou une chose. Sa disposition est précise, mais ses vers ne riment pas. Montrez aux élèves des exemples de quintils, afin qu'ils se familiarisent avec ce type de poème.

Chien	titre composé d'un mot
brun, petit	deux adjectifs décrivant le mot
jappe, court, saute	trois actions reliées au mot
aime jouer	courte phrase au sujet du mot
animal	synonyme du titre

Présentation publicitaire

Demandez à chaque élève de faire une présentation publicitaire pour un produit ou pour un livre. Les autres élèves pourraient faire semblant qu'ils sont vendeurs dans un magasin. Encouragez les élèves à utiliser des mots ou des procédés accrocheurs qui éveilleront l'intérêt de leur public.

Centre d'art dramatique

Un centre d'art dramatique aide les élèves à améliorer leurs capacités langagières par la communication d'idées et l'art dramatique. Créez un centre d'art dramatique qui représentera un lieu spécifique de votre localité. Encouragez les élèves à apporter en classe des objets qui représentent ce lieu. Par exemple :

• Bureau de poste – mettez-y des objets tels que des timbres, des enveloppes, du papier, une boîte aux lettres; nommez une employée ou un employé des postes
• Restaurant – mettez-y une table, des chaises, des ustensiles en plastique, des gobelets et des assiettes en papier, des aliments en plastique; demandez aux élèves de créer un menu pour le café de la classe
• Poste de radio – mettez-y un microphone et un appareil qui joue de la musique

Création de produits médiatiques

Voici quelques questions à te poser quand tu crées des produits médiatiques.

Quel est mon sujet?

Assure-toi que tu comprends bien ton sujet. Ne mets pas de renseignements qui n'ont rien à voir avec ton sujet.

Quel est mon but?

Demande-toi : « Pourquoi est-ce que je crée ce produit médiatique? » Veux-tu donner de l'information aux gens ou veux-tu qu'ils se divertissent en regardant ou en écoutant ton produit? Veux-tu convaincre les gens de faire quelque chose, comme acheter un article quelconque?

Quel est mon public cible?

Demande-toi : « Quel groupe de personnes doit voir ou entendre mon produit médiatique? » Le produit vise-t-il tout le monde ou seulement un petit groupe? Vise-t-il des adultes ou des enfants? Vise-t-il surtout des garçons ou surtout des filles? Vise-t-il seulement ta famille et tes amis?

Quel type de produit dois-je choisir?

Ton enseignante ou enseignant te demandera peut-être de choisir un produit médiatique particulier, comme une affiche, une histoire, un collage ou un message publicitaire dans un magazine. Si tu peux choisir ton propre produit médiatique, pose-toi ces questions :

• Quel produit médiatique convient le mieux à mon but?

• Quel produit médiatique convient le mieux à mon public cible?

1. Pablo crée un diaporama. Le sujet est « Mon chien Samy ». Pablo a une très belle photo de son poisson rouge. Il veut mettre la photo dans son diaporama. Est-ce une bonne idée? Pourquoi?

_____

_____

_____

2. Julie crée une affiche. Le titre de son affiche est « La sécurité au terrain de jeux ». Julie ne sait pas vraiment à qui s'adresse son affiche. Quel serait le meilleur public cible pour son affiche? Pourquoi?

_____

_____

_____

3. Hugo veut trouver un moyen de rappeler aux élèves de recycler le papier. Il pourrait créer un t-shirt qu'il porterait et qui dirait : « Recycle du papier aujourd'hui! », ou il pourrait créer un dépliant qui expliquerait pourquoi il est important de recycler le papier. Quel produit médiatique serait le plus efficace? Pourquoi?

_____

_____

_____

Toute nouvelle couverture de livre

Titre du livre : _____

Auteure/Auteur : _____

Invente un nouveau titre pour ce livre. Ensuite, dessine une couverture qui ira bien avec ce titre.

Ma nouvelle couverture attirera l'attention des lecteurs parce qu'elle :

_____

Publicité pour un ourson!

Complète l'affiche ci-dessous afin d'aider les publicitaires qui cherchent à vendre cet ourson en peluche.

FR 30

Évaluation de mon exposé oral

Sujet de mon exposé : _____

Mon exposé	Ce que je pense
• J'ai commencé mon exposé d'une façon intéressante, par exemple avec une devinette ou une question.	☺ ☺ ☹
• J'ai utilisé ma meilleure intonation, parlé lentement et fait en sorte que tout le monde puisse m'entendre.	☺ ☺ ☹
• Je connais bien mon sujet et j'ai pu répondre aux questions.	☺ ☺ ☹
• Mes notes étaient organisées.	☺ ☺ ☹
• Pendant mon exposé, j'ai montré du doigt des images, un modèle ou un diorama.	☺ ☺ ☹

La meilleure partie de mon exposé est _____

_____

Je suis fière ou fier de _____

J'ai besoin d'améliorer _____

Liste de vérification - Dépliant brillant

Un dépliant est une feuille de papier pliée qui fournit de l'information. Sers-toi de la liste de vérification ci-dessous pour créer ton dépliant.

Sujet : _____

Ire étape : Préparation de ton dépliant

❑ Plie une feuille de papier de la façon dont ton dépliant sera plié.

❑ Écris, en lettres moulées, le titre de chaque section. Laisse de l'espace dessous pour l'information et les images.

2e étape : Ton brouillon

❑ J'ai vérifié l'information donnée dans chaque section.

❑ J'ai vérifié mon travail pour m'assurer que toute l'information y était.

❑ J'ai ajouté, effacé ou changé des mots pour améliorer mon texte.

3e étape : Révision finale

❑ J'ai vérifié l'orthographe.

❑ Mon dépliant est propre et bien organisé.

❑ J'ai vérifié la ponctuation.

❑ Mes images vont bien avec l'information.

❑ Mes phrases sont claires.

❑ Mon dépliant est attrayant.

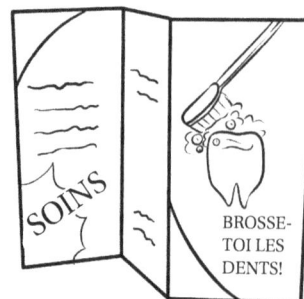

Mon journal de bord

Sujet : _____

☒ J'ai vérifié les majuscules et les points.

NOTRE BULLETIN D'INFORMATION

Qu'avons-nous fait à l'école aujourd'hui?

LUNDI

MARDI

MERCREDI

JEUDI

VENDREDI

REMARQUES

FR 34

Orne ton signet d'images, puis découpe-le, plie-le en deux, et colle les deux parties ensemble.

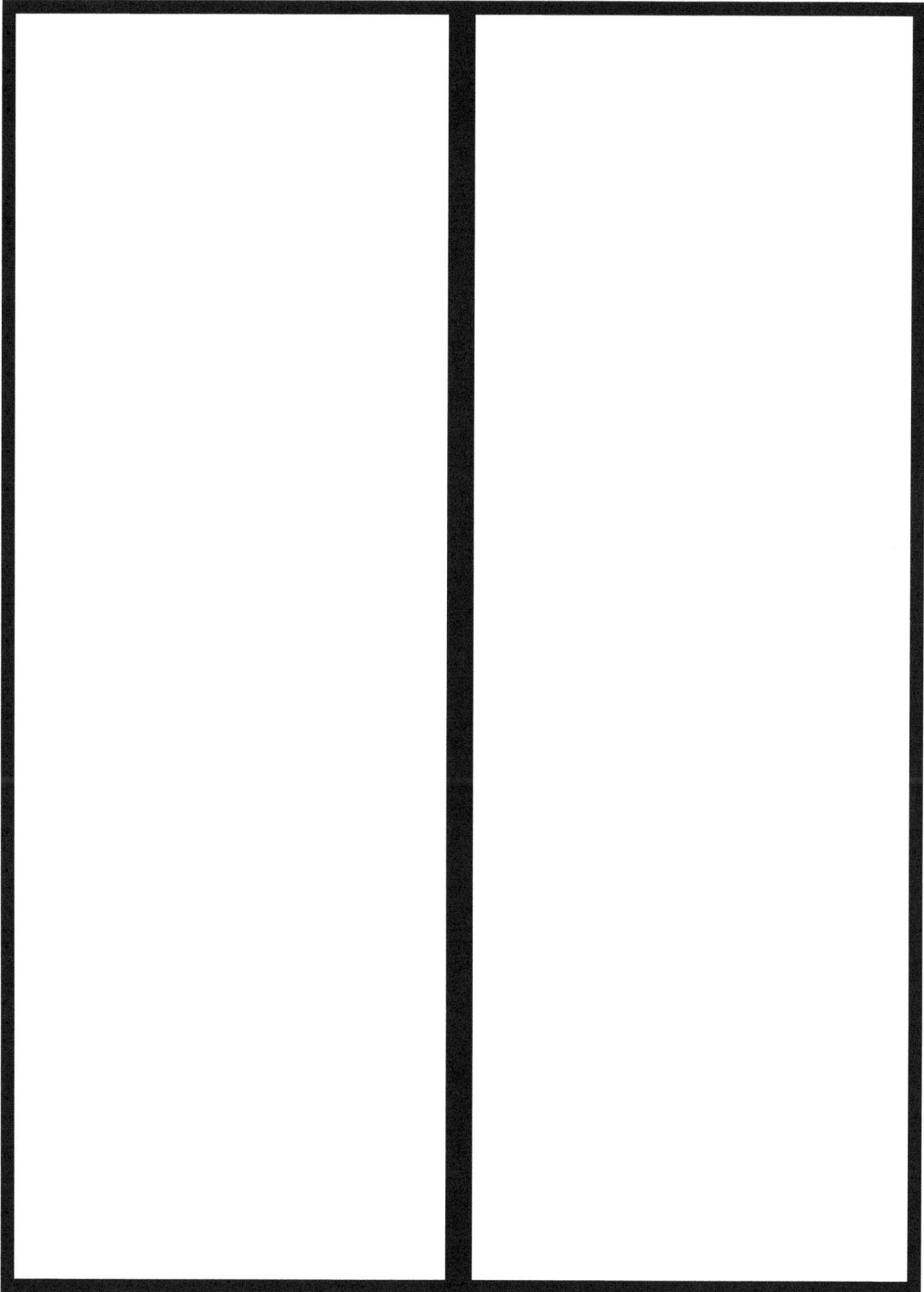

FR 35

T-SHIRT DE L'AMITIÉ

Crée un t-shirt qui explique comment être une bonne amie ou un bon ami.

RÉCAPITULATION CAPTIVANTE D'UNE HISTOIRE

Lis une histoire. Puis raconte, dans tes propres mots, ce qui s'est passé dans l'histoire.

Titre de l'histoire : _____

DÉBUT :

_____

_____

_____

_____

_____

_____

suite à la page suivante ☞

MILIEU :

_____

_____

_____

_____

_____

_____

_____

_____

_____

suite à la page suivante ☞

FR 37

FIN :

_____

_____

_____

_____

_____

_____

_____

_____

_____

_____

Ma partie préférée de l'histoire

Titre de l'histoire : _____

Ce dessin montre ma partie préférée de l'histoire.

Ce que l'histoire me rappelle :

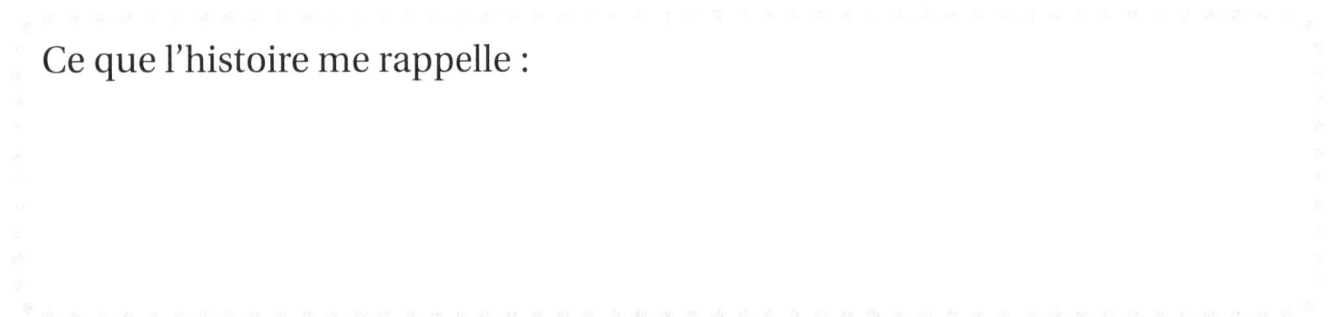

FR 38

Compte rendu d'un livre informatif

Sujet : _____

Où j'ai trouvé l'information :

_____

Les faits que j'ai appris :

_____

_____

_____

_____

_____

_____

_____

_____

Comment vais-je présenter l'information?

_____

_____

_____

_____

Mon propre drapeau

Crée ton propre drapeau. Mets-y plein de couleurs!

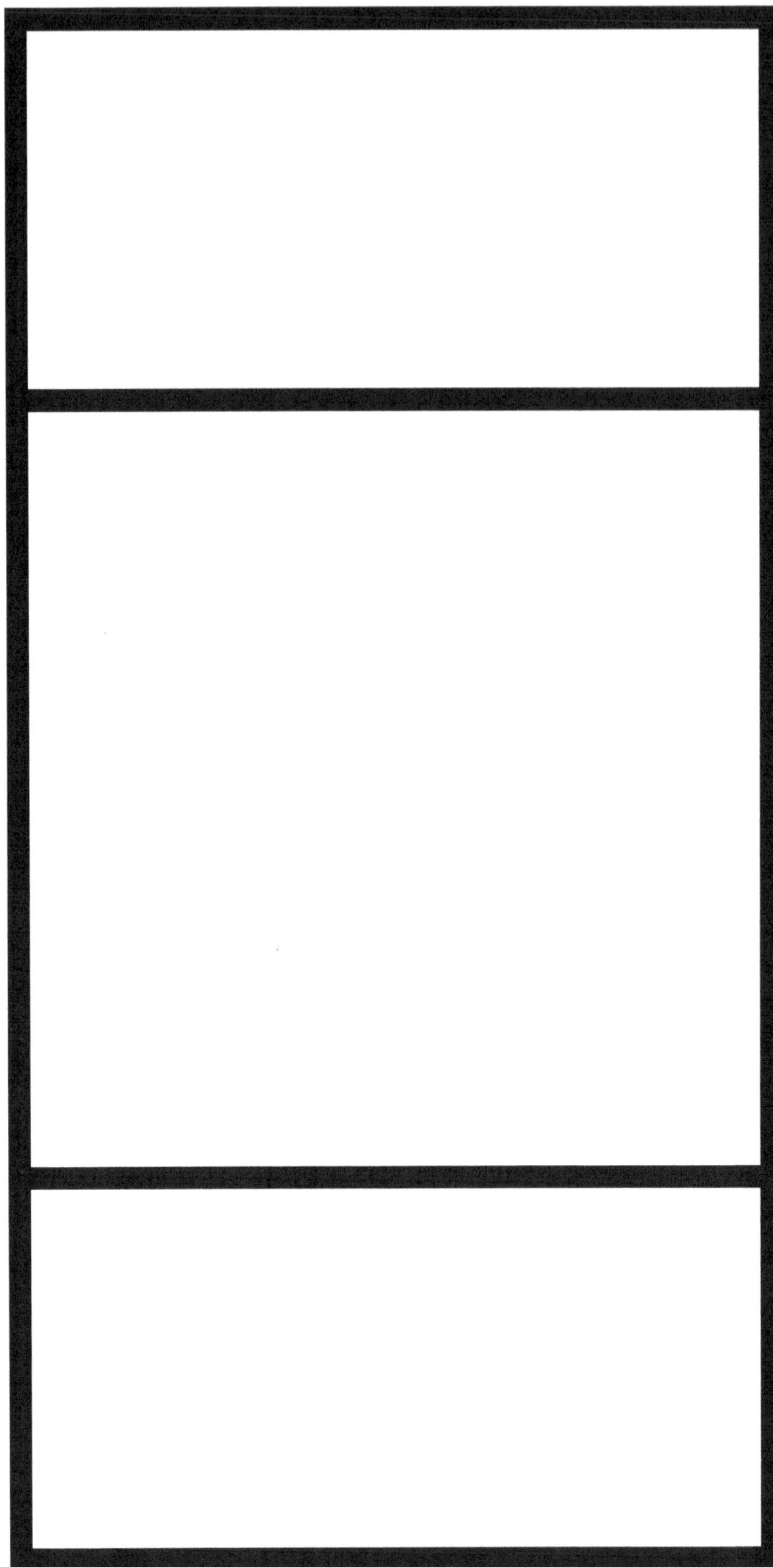

Atelier d'écriture d'histoire

Titre de l'histoire : _____

DÉBUT :

☐ J'ai écrit une première phrase accrocheuse.

☐ J'ai présenté le personnage principal.

☐ J'ai indiqué l'endroit où se passe l'histoire.

_____

_____

_____

_____

_____

_____

_____

_____

_____

_____

_____

☐ J'ai vérifié les majuscules et les points.   ☐ J'ai ajouté des adjectifs.

suite à la page suivante ☞

MILIEU :

☐ J'ai expliqué le problème de l'histoire.

_____

_____

_____

_____

_____

_____

_____

_____

_____

_____

_____

_____

_____

☐ J'ai vérifié les majuscules et les points.   ☐ J'ai ajouté des adjectifs.

suite à la page suivante ☞

FR 41

ÉVÉNEMENTS :

☐ J'ai raconté les événements qui se sont déroulés dans l'histoire avant la résolution du problème.

1er événement :

_____

_____

_____

_____

_____

_____

2e événement :

_____

_____

_____

_____

_____

_____

☐ J'ai vérifié les majuscules et les points.

☐ J'ai ajouté des adjectifs.

☐ J'ai expliqué chaque événement.

suite à la page suivante ☞

FIN :

☐ J'ai expliqué la façon dont le problème a été résolu.

_____

_____

_____

_____

_____

_____

_____

_____

_____

_____

_____

_____

_____

_____

☐ J'ai vérifié les majuscules et les points.　　☐ J'ai ajouté des adjectifs.

UN ACROSTICHE

Dans un acrostiche, la première lettre de chaque vers sert à former un mot qu'on peut lire verticalement. Le poème lui-même décrit le mot ou raconte une courte histoire à son sujet.

Ma carte postale

Écris une carte postale à une amie ou un ami.

Recto de la carte postale :

Verso de la carte postale :

Destinataire :

AVIS DE RECHERCHE!

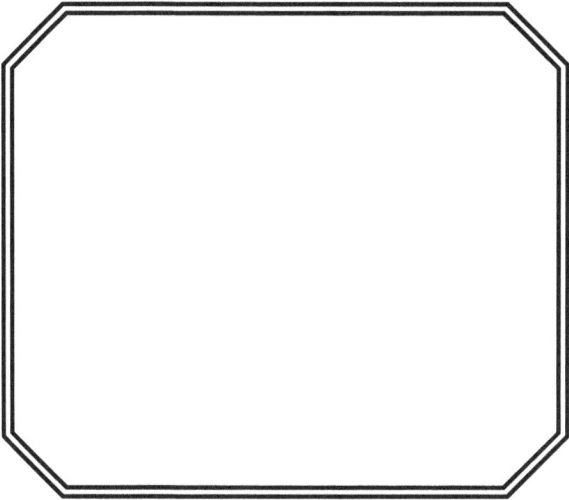

Nom du personnage :

_____

Dernière fois qu'on l'a vu :

_____

_____

Description :

_____

_____

Pourquoi recherche-t-on ce personnage?

_____

_____

Récompense :

_____

_____

Rédige une critique

Donne ton opinion au sujet d'un livre, d'une pièce de théâtre ou d'un film.

Titre du produit médiatique : _____

Genre de produit médiatique : _____

Sujet du produit médiatique :

_____

_____

_____

À mon avis :

_____

_____

_____

_____

☐ Recommandé(e)

☐ Non recommandé(e)

Critique faite par :

_____

Un joli timbre

Dessine un joli timbre, puis colorie-le.

Décris ton timbre :

_____

_____

FR 46

Plan d'un exposé oral

Sujet : _____

Public cible : _____

But : _____

De quelle longueur doit-il être? _____

Introduction – Liste de vérification

❏ J'ai annoncé mon sujet de façon intéressante, par exemple au moyen

    ❏ d'une citation,

    ❏ d'un exemple,

    ❏ d'une question.

❏ J'ai utilisé de 1 à 3 phrases pour dire ce dont j'allais parler.

suite à la page suivante ☞

Introduction – Liste de vérification

❑ Des détails, des exemples ou des descriptions appuyaient mon idée principale.

❑ J'ai écrit mes idées de la manière dont je les expliquerais, les montrerais ou les dirais à une personne pendant une conversation.

❑ J'ai lu à haute voix ce que j'avais écrit.

Conseil : Il n'est pas nécessaire de faire des phrases complètes. Écris tes idées comme tu les exprimerais en parlant à quelqu'un.

Idée principale :

Détails à l'appui :

suite à la page suivante ☞

Conclusion – Liste de vérification

❑ J'ai résumé les points importants.

❑ J'ai conclu mon exposé oral de façon intéressante, par exemple au moyen

    ❑ d'une citation,

    ❑ d'une question.

Conseils pour faire un bon exposé

• Répète ton exposé jusqu'à ce que tu te sentes à l'aise en disant ce que tu as écrit.

• Surligne les parties de ta version finale où tu veux arrêter pour faire de l'effet ou sur lesquelles tu veux mettre l'accent.

• Pense aux gestes que tu veux faire et n'oublie pas de maintenir un contact visuel avec ton public ou la caméra.

• Pense au ton de voix que tu emploieras pour exprimer de l'enthousiasme.

Des conseils

Les gens demandent des conseils quand ils ont un problème ou qu'ils veulent connaître l'opinion de quelqu'un sur quelque chose. Donne des conseils à une personne, au sujet d'une situation particulière. Explique ton raisonnement pour convaincre la personne que tes conseils sont les bons.

Je donne des conseils à _____

au sujet de _____.

Chère/Cher _____,

_____

_____

_____

_____

_____

_____

_____

_____

Ton amie/ami,

_____

Je suis fière/fier de moi!

Voici 10 raisons pour lesquelles je suis fière ou fier de moi.

1.	
2.	
3.	
4.	
5.	
6.	
7.	
8.	
9.	
10.	

98

FR 49

Mon plan génial

Un plan est un dessin d'un lieu. Choisis un lieu, puis fais-en un plan. Crée une légende des symboles qui permettent de trouver des endroits sur ton plan.

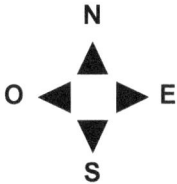

N

O ◀ ▶ E

S

LÉGENDE

Liste de vérification - Affiche

Sujet : _____

But de l'affiche : _____

Apparence de l'affiche	❏ L'affiche est accrocheuse. ❏ Le titre attire l'attention des lecteurs.
But et contenu	❏ Le message est clair. ❏ Des faits, des détails ou des descriptions appuient le message.
Public cible	❏ Le public cible de l'affiche est évident.
Images	❏ Les images ont aidé à clarifier le message. ❏ Les images sont colorées et paraissent bien.
Exigences pour la conception	❏ J'ai satisfait toutes les exigences du projet.
Révision	❏ J'ai vérifié l'orthographe. ❏ J'ai vérifié la ponctuation. ❏ J'ai utilisé des phrases et des mots accrocheurs.

Je suis fière ou fier de : _____

La prochaine fois, je vais : _____

FR 51

Invente un jeu de société

Crée ton propre jeu de société! Le thème de ton jeu peut être un sujet que tu étudies en classe ou un sujet qui t'intéresse beaucoup.

MATÉRIEL

- une base pour le jeu de société, telle qu'une grande feuille de papier de bricolage, une boîte à pizza propre ou une chemise de carton
- du matériel de coloriage
- des ciseaux
- de la colle
- du papier de bricolage
- 2 cubes numérotés

CONSIGNES

1. Choisis un thème pour ton jeu.
2. Crée un trajet que les jetons devront suivre. Il pourrait avoir la forme d'un U, d'un L, d'un carré ou d'un ovale. Il devrait être assez long pour comprendre au moins 50 cases.
3. Ajoute de plus grosses cases où tu placeras des cartes à tirer. Découpe les cartes dans du papier cartonné épais. Écris des questions sur tes cartes.
4. Essaie toi-même ton jeu pour voir s'il est trop difficile ou si ton plateau contient suffisamment de cases.
5. Pour les jetons, découpe de petites figures dans une feuille de papier ou sers-toi d'autres objets.
6. Orne ton plateau de jeu de façon qu'il soit coloré et attrayant.
7. Écris les règles de ton jeu.

Règles du jeu

- Comment les joueurs déplacent-ils leurs jetons? Voici quelques suggestions :
  - ils lancent les dés;
  - ils tirent une carte et répondent à une question;
  - ils suivent les directives indiquées dans les cases du plateau.
- Combien de personnes peuvent jouer?
- Y a-t-il une pénalité pour une mauvaise réponse?

Idées pour les cartes du jeu

- questions de math
- vrai ou faux
- répondre à une question
- choix multiple

suite à la page suivante ☞

FR 52

Crée des cartes pour ton jeu de société.

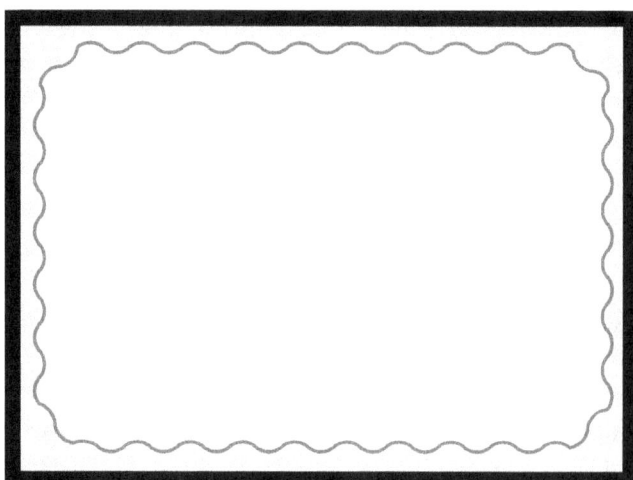

suite à la page suivante ☞

FR 52

Départ

Arrivée

suite à la page suivante ☞

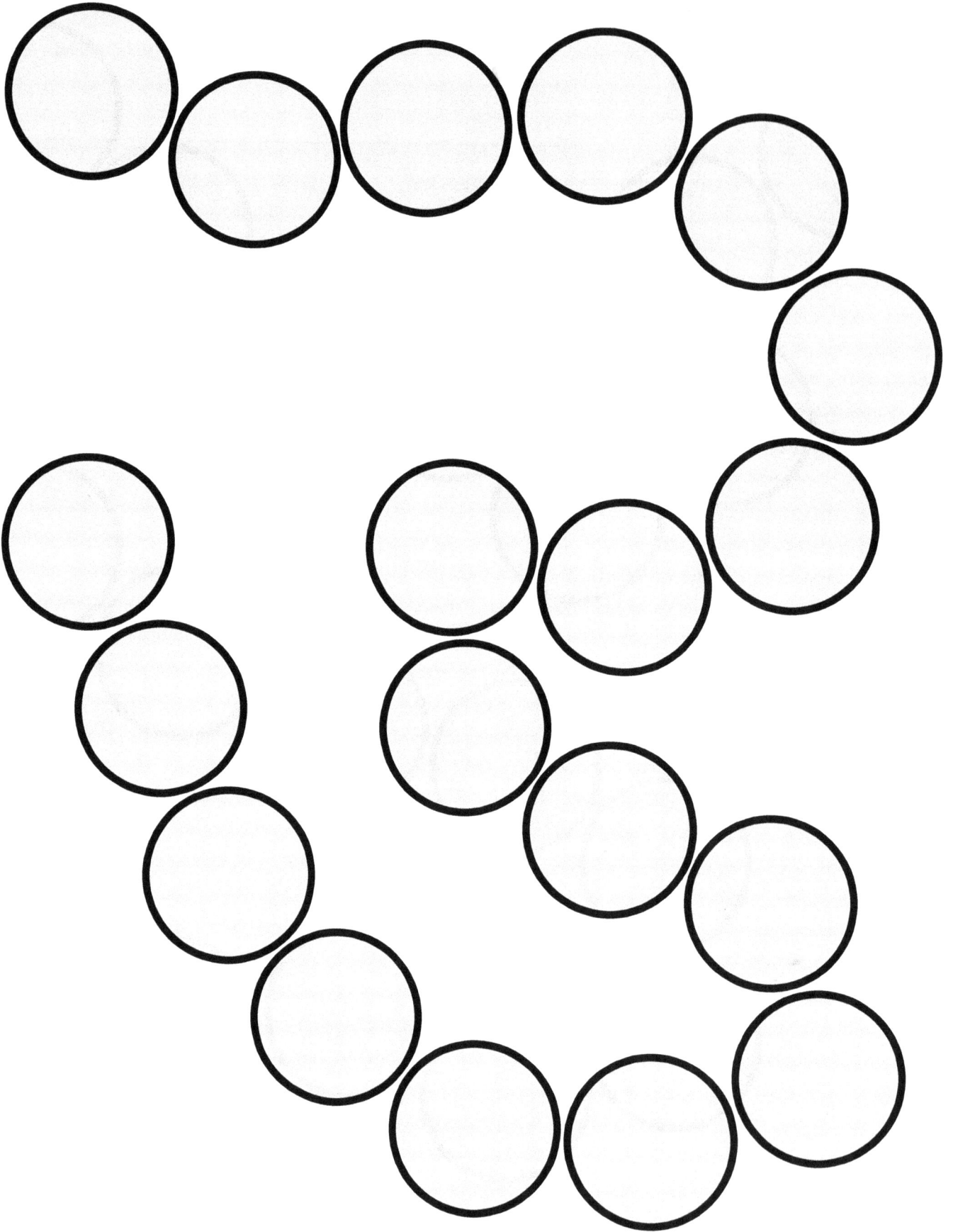

FR 52

UN REPORTAGE

Sers-toi du plan ci-dessous pour écrire un reportage à propos d'un événement qui s'est réellement produit ou qui se produit dans une histoire.

Gros titre _____

De qui parle le reportage?

_____

_____

_____

Qu'est-ce qui s'est passé?

_____

_____

_____

Où cela s'est-il passé?

_____

_____

Quand cela s'est-il passé?

_____

_____

_____

Une toile d'idées

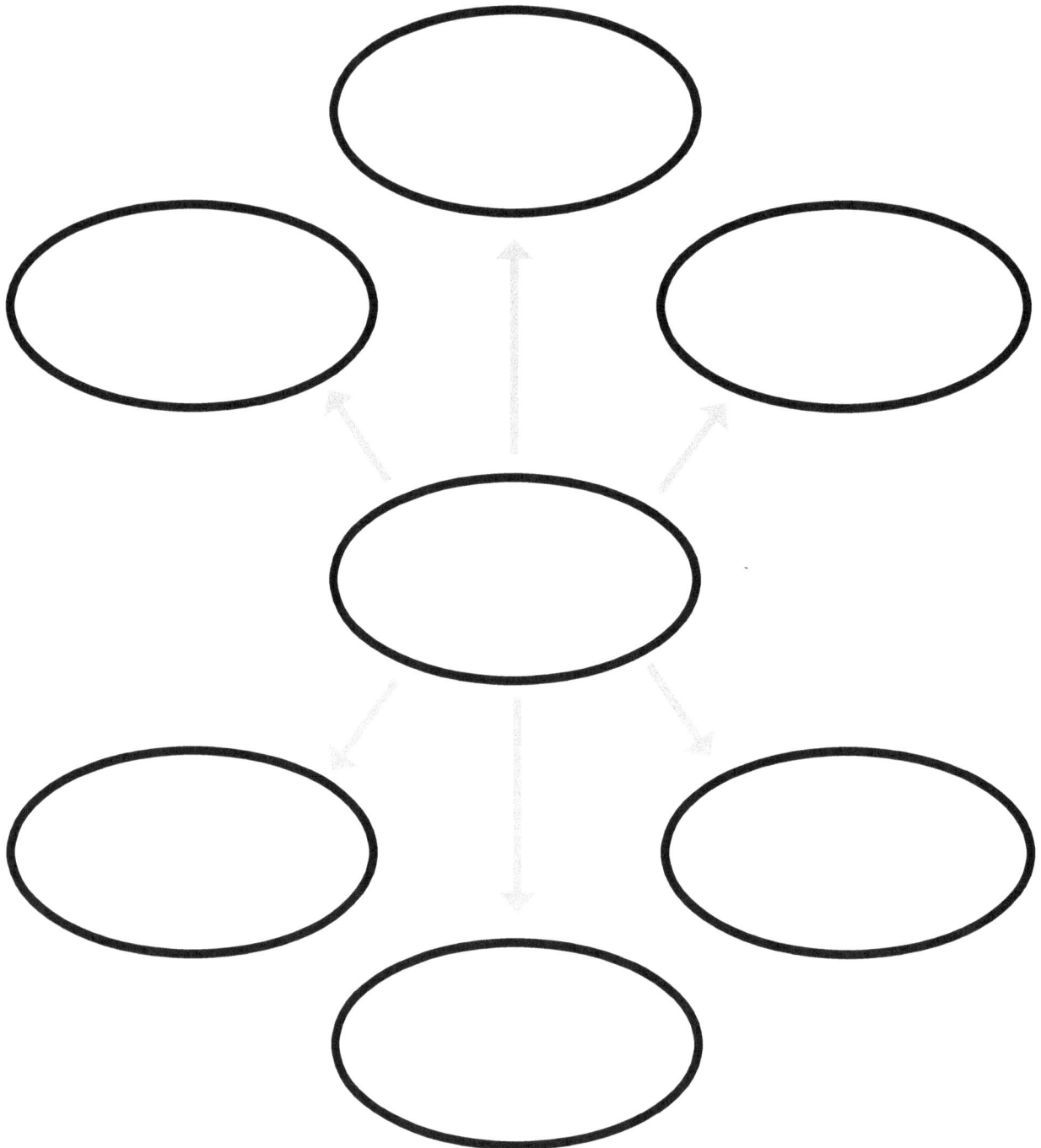

_____

OG 1

Tableau de comparaison

Information

Information

Comparaison

Diagramme de Venn

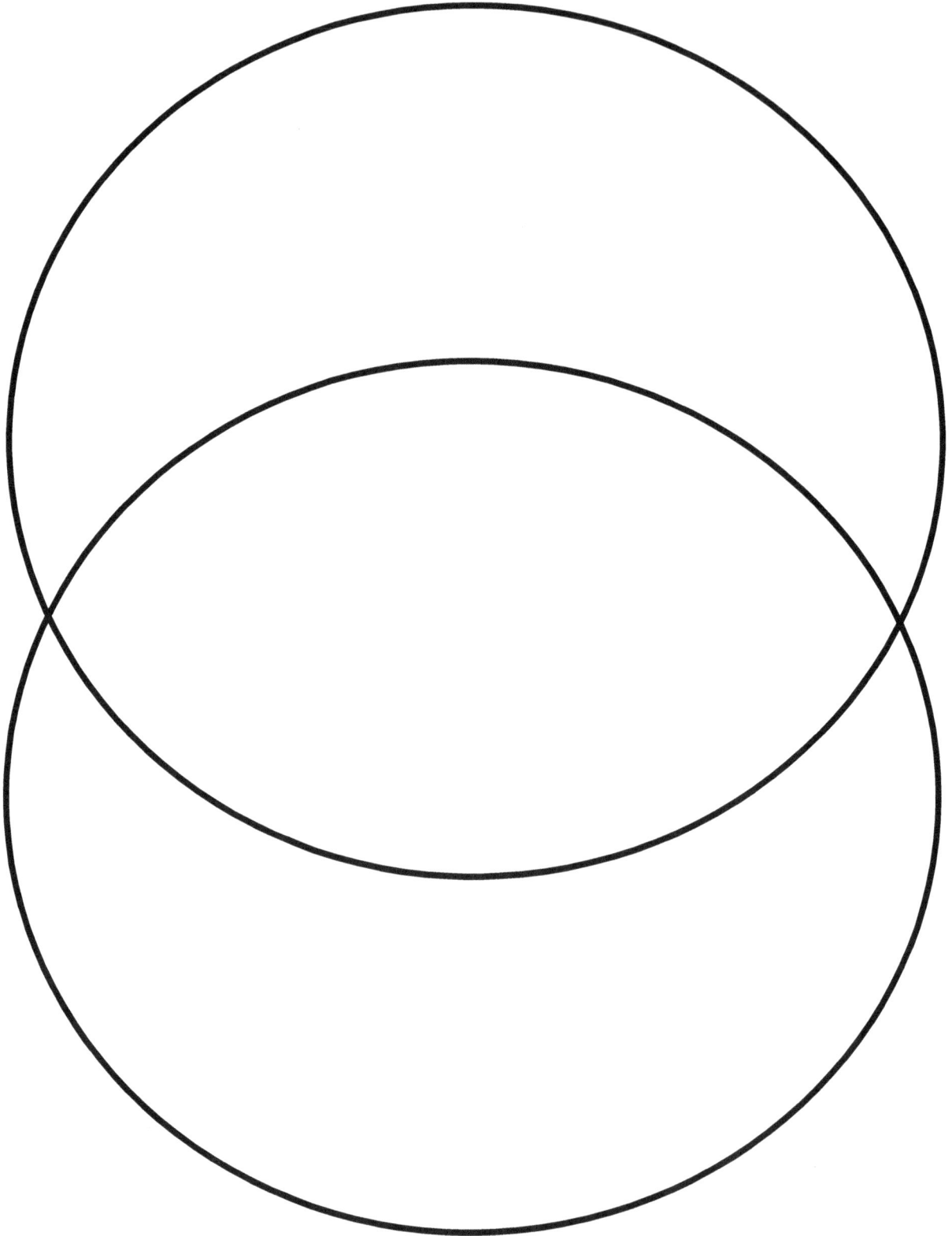

OG 3

Spécialiste en médias!

_____

Tu es remarquable!

Quel beau travail!

_____

Continue tes efforts!

Évaluation 1 : Exposé oral

	Niveau 1 Résultats inférieurs aux attentes	Niveau 2 Résultats proches des attentes	Niveau 3 Résultats répondent aux attentes	Niveau 4 Résultats supérieurs aux attentes
Style de l'exposé	• Utilise rarement les gestes, le contact visuel et le ton de voix pour éveiller l'intérêt de son auditoire. • N'arrive pas à maintenir l'attention de son auditoire. • N'a fait aucun travail préparatoire.	• Utilise parfois les gestes, le contact visuel et le ton de voix pour éveiller l'intérêt de son auditoire. • Arrive parfois à maintenir l'attention de son auditoire. • A fait un peu de travail préparatoire et manque d'assurance.	• Utilise habituellement les gestes, le contact visuel et le ton de voix pour éveiller l'intérêt de son auditoire. • Arrive à maintenir l'attention de son auditoire pendant presque tout l'exposé. • A fait un bon travail préparatoire et fait preuve d'assurance.	• Utilise avec succès les gestes, le contact visuel et le ton de voix pour éveiller l'intérêt de son auditoire. • Arrive à maintenir l'attention de son auditoire pendant tout l'exposé. • A fait un excellent travail préparatoire et fait preuve d'une grande assurance.
But	• Le but de l'exposé n'est pas évident. • Le message n'est pas clair.	• Le but de l'exposé est quelque peu apparent. • Le message est à peu près clair.	• Le but de l'exposé est apparent. • Le message est clair.	• Le but de l'exposé est très évident. • Le message est très clair.
Contenu	• Ne semble pas bien connaître le contenu. • Le contenu manque d'organisation et les transitions sont brusques.	• Semble avoir une connaissance limitée du contenu. • Le contenu est un peu organisé et quelques transitions sont évidentes.	• Semble avoir une bonne connaissance du contenu. • Le contenu est organisé et les transitions sont évidentes.	• Semble avoir une excellente connaissance du contenu. • Le contenu est organisé et les transitions sont fluides.
Exigences du projet	• N'a pas satisfait toutes les exigences du projet.	• A satisfait plus de la moitié des exigences du projet.	• A satisfait les exigences du projet.	• A fait plus que satisfaire les exigences du projet.

Évaluation 2 : Dépliant

	Niveau 1 Résultats inférieurs aux attentes	Niveau 2 Résultats proches des attentes	Niveau 3 Résultats répondent aux attentes	Niveau 4 Résultats supérieurs aux attentes
Contenu	• Moins de la moitié des sections du dépliant sont complètes. • Une très petite partie du contenu est exacte.	• Plus de la moitié des sections du dépliant sont complètes. • Le contenu est en partie exact.	• Presque toutes les sections du dépliant sont complètes. • Tout le contenu est exact.	• Toutes les sections du dépliant sont complètes. • Le contenu entier est exact et des détails ont été ajoutés.
Attrait du dépliant	• Les sections ne sont pas bien organisées et leur disposition embrouille les lecteurs.	• Les sections sont assez bien organisées.	• Les sections sont bien organisées et la disposition est attrayante.	• Les sections sont très bien organisées et la disposition est très attrayante.
But	• Le but du dépliant n'est pas évident. • Le message n'est pas clair.	• Le but du dépliant est quelque peu apparent. • Le message est à peu près clair.	• Le but du dépliant est évident. • Le message est clair.	• Le but du dépliant est très évident.
Éléments graphiques	• Très peu des éléments graphiques appuient l'information.	• Quelques-uns des éléments graphiques appuient l'information.	• La plupart des éléments graphiques appuient l'information.	• Les éléments graphiques appuient très bien l'information.
Révision	• Il y a plusieurs fautes d'orthographe ou de grammaire.	• Il y a quelques fautes d'orthographe ou de grammaire.	• Il y a peu de fautes d'orthographe ou de grammaire.	• Il n'y a aucune faute d'orthographe ou de grammaire.

Évaluation 3 : Affiche

	Niveau 1 Résultats inférieurs aux attentes	Niveau 2 Résultats proches des attentes	Niveau 3 Résultats répondent aux attentes	Niveau 4 Résultats supérieurs aux attentes
Attrait de l'affiche	• Conception malhabile. La disposition manque d'attrait et est désordonnée.	• Conception de base. La disposition et l'organisation sont acceptables.	• Conception intéressante. La disposition et l'organisation sont bonnes.	• Conception très bien pensée. Excellentes disposition et organisation.
Contenu	• Peu de faits sont exposés avec exactitude.	• Certains des faits sont exposés avec exactitude.	• La plupart des faits sont exposés avec exactitude.	• Les faits sont exposés avec exactitude.
Éléments graphiques	• Les éléments graphiques ne sont pas reliés au sujet et n'appuient pas l'information.	• Peu des éléments graphiques sont reliés au sujet et appuient l'information.	• La plupart des éléments graphiques sont reliés au sujet et appuient l'information.	• Les éléments graphiques sont reliés au sujet et appuient l'information.
Exigences du projet	• Plusieurs des éléments demandés manquent. N'a ajouté aucune information supplémentaire.	• A inclus certains des éléments demandés, mais n'a pas fourni d'information supplémentaire.	• A inclus la plupart des éléments demandés et a fourni un peu d'information supplémentaire.	• A inclus tous les éléments demandés et a fourni de l'information supplémentaire.

Évaluation 4 : Notions de médiatique

	Niveau 1 Résultats inférieurs aux attentes	Niveau 2 Résultats proches des attentes	Niveau 3 Résultats répondent aux attentes	Niveau 4 Résultats supérieurs aux attentes
Participation de l'élève	• Contribue rarement aux discussions et aux activités en exprimant des idées et en posant des questions.	• Contribue parfois aux discussions et aux activités en exprimant des idées et en posant des questions.	• Contribue habituelle-ment aux discussions et aux activités en expri-mant des idées et en posant des questions.	• Contribue toujours aux discussions et aux activités en exprimant des idées et en posant des questions.
Compréhension des notions	• Démontre une piètre compréhension des notions et donne rarement des explications complètes. • A constamment besoin de l'aide de l'enseignante ou enseignant.	• Démontre une compréhension satisfaisante de la plupart des notions et donne parfois des explications justes, mais incomplètes. • A parfois besoin de l'aide de l'enseignante ou enseignant.	• Démontre une bonne compréhension de la plupart des notions et donne généralement des explications complètes ou presque complètes. • A rarement besoin de l'aide de l'enseignante ou enseignant.	• Démontre une excellente compréhension de toutes ou de presque toutes les notions et donne toujours des explications complètes et justes de manière autonome. • N'a pas besoin de l'aide de l'enseignante ou enseignant.
Habiletés de communication	• Communique rarement avec clarté et précision tant oralement que par écrit ou utilise rarement la terminologie et le vocabulaire appropriés.	• Communique parfois avec clarté et précision tant oralement que par écrit et emploie parfois une terminologie et un vocabulaire adéquats.	• Communique généralement avec clarté et précision tant oralement que par écrit et emploie, la plupart du temps, une terminologie et un vocabulaire adéquats.	• Communique toujours avec clarté et précision tant oralement que par écrit et emploie toujours une terminologie et un vocabulaire adéquats.

Évaluation de la classe – Médias

Nom de l'élève	Participation	Compréhension des notions	Habiletés de communication	Évaluation globale

Vocabulaire des médias

Dresse un liste des nouveaux mots que tu as appris sur les médias.
N'oublie pas d'ajouter la définition de chaque mot.

Mot	Définition

Comment est mon travail?

	Je fais mon travail	Je gère mon temps	Je suis les consignes	J'organise mes affaires
Super!	• Je fais toujours mon travail au complet et avec soin. • J'ajoute des détails.	• Je termine toujours mon travail à temps.	• Je suis toujours les consignes.	• Mes affaires sont toujours en ordre. • Je suis toujours prêt(e) et disposé(e) à apprendre.
Continue!	• Je fais mon travail au complet et avec soin. • J'ajoute des détails.	• Je termine généralement mon travail à temps.	• Je suis généralement les consignes sans qu'on me les rappelle.	• Je trouve généralement mes affaires. • Je suis généralement prêt(e) et disposé(e) à apprendre.
Attention!	• Je fais mon travail au complet. • Je dois vérifier mon travail.	• Je termine parfois mon travail à temps.	• J'ai parfois besoin qu'on me rappelle de suivre les consignes.	• J'ai parfois besoin de temps pour trouver mes affaires. • Je suis parfois prêt(e) et disposé(e) à apprendre.
Arrête!	• Je ne fais pas mon travail au complet. • Je dois vérifier mon travail.	• Je termine rarement mon travail à temps.	• J'ai besoin qu'on me rappelle de suivre les consignes.	• Je dois mieux organiser mes affaires. • Je suis rarement prêt(e) et disposé(e) à apprendre.

Glossaire des médias

Adresse URL (Uniform Resource Locator) Adresse d'un site Web.

Afficher Envoyer un message électronique à un forum ou à un autre service de messagerie.

Bavardoir (ou clavardoir) Lieu virtuel qui permet aux participants de contribuer à des discussions en temps réel.

Binette (ou émoticône) Symbole qu'on utilise dans un courriel ou un bavardoir pour montrer une émotion. Par exemple, :) signifie « Je suis heureux. »

Blogue Journal personnel publié sur Internet.

Caractéristiques d'un texte Éléments d'un texte qui le clarifient, tels que la police de caractères, les titres et les illustrations.

Cédérom (disque compact à mémoire morte) Disque d'ordinateur qui peut stocker de grandes quantités d'information, mais ne peut pas enregistrer ni sauvegarder l'information.

Choc Moment dans un produit médiatique provoqué, par exemple, par un élément de comédie ou un bruit fort, et ayant pour but d'éveiller l'intérêt du public ou de le faire réagir.

Clavardoir Voir *bavardoir*.

Communication en ligne Communication par Internet ou par un réseau commercial.

Connotation Description de l'idéologie, la signification ou la valeur associées à un produit médiatique.

Consommateur Personne qui achète des biens et des services, et qui les utilise personnellement plutôt que de les vendre.

Convention Pratique ou règle dans l'emploi du langage qui a fait l'objet d'un accord. Exemples de conventions : lettres majuscules, ponctuation et titres. Voir aussi *caractéristiques d'un texte*.

Conventions et techniques médiatiques Procédés employés pour créer des effets particuliers au moyen d'images et de sons, dans le but de communiquer un message. Exemples d'effets : l'animation, les couleurs et les effets spéciaux.

Courriel Message envoyé électroniquement. Forme abrégée de « courrier électronique ».

Cyberespace Ensemble des communications sur Internet et tout autre réseau informatique.

Cybernovice Nouvel utilisateur d'un outil technologique.

Déconstruire Diviser un produit médiatique en plus petits éléments afin de comprendre comment et pourquoi il a été créé.

Données démographiques Caractéristiques d'un groupe de personnes, y compris l'âge, le niveau d'instruction, le revenu, s'il s'agit d'un homme ou d'une femme, etc.

Éléments d'un texte Caractéristiques d'un genre particulier de texte, y compris les personnages, le lieu, l'histoire, etc.

Émoticône Voir *binette*.

Faire de la publicité Attirer l'attention sur un produit, un service, un besoin, etc. Il s'agit souvent de publicités payées sur les sites Web ou les panneaux-réclames, à la radio ou à la télévision, ou dans des journaux ou des magazines.

Fait Ce qui a réellement eu lieu ou qui existe.

Fidélité à la marque La préférence d'une personne pour un produit particulier. Les entreprises travaillent fort à faire en sorte que les consommateurs soient fidèles à leurs produits.

Flamber Voir *incendier*.

Foire aux questions Questions et réponses à propos d'un sujet particulier, tel qu'une liste d'envoi, un produit, un site Web, etc.

Forum   Espace en ligne qui se concentre sur un sujet particulier. Les utilisateurs peuvent y lire les commentaires d'autres personnes et ajouter leurs propres commentaires.

Fournisseur d'accès Internet   Entreprise qui fournit une connexion directe à Internet.

Genre   Catégorie de produits médiatiques ayant tous un contenu, des caractéristiques ou un style particuliers.

Groupe de discussion   Petit groupe de personnes choisies par des spécialistes du marketing pour analyser ou mettre à l'essai les nouveaux produits, services et messages publicitaires. Les spécialistes se servent d'un tel groupe pour tenter de savoir ce que seront les réactions d'un plus grand groupe.

Hyperlien   Lien ou référence croisée d'un document électronique à un autre document électronique ou à une page Web.

Hypertexte   Méthode de stockage de données au moyen d'un logiciel qui permet aux utilisateurs d'avoir accès à des détails de plus en plus fins.

Idéologie   Ensemble des croyances qui guident un groupe ou une institution.

Incendier (ou flamber)   Insulter ou critiquer agressivement une personne dans un message électronique.

Industrie des médias   Groupe qui contribue à la production de produits médiatiques.

Internet   Système de connexion d'ordinateurs le plus vaste au monde.

Langage HTML   Formatage ou critères utilisés dans des documents sur Internet.

Littératie médiatique   Capacité de comprendre les médias ainsi que les techniques qu'ils utilisent.

Logiciel   Ensemble de programmes reliés au fonctionnement d'un ordinateur. Les logiciels d'exploitation, comme Mac OS et Windows, sont les logiciels de base de l'ordinateur. Les logiciels d'application servent, par exemple, au traitement de texte, à jouer à des jeux, etc.

Marketing   Diverses étapes dans la vente d'un produit. Le marketing comprend la publicité faite, la vente, et la livraison de produits aux gens.

Matériel informatique   Dispositifs électriques, électroniques, magnétiques et mécaniques d'un système informatique, y compris le lecteur de disques, le clavier et l'écran.

Média de masse   Ensemble des moyens de diffusion à un très grand public, tels qu'Internet, la presse et la télévision.

Médiatique   Programme qui enseigne la création de produits médiatiques et les façons de les interpréter.

Message texte   Voir *texto*.

MI (messagerie instantanée)   Service offrant la possibilité d'échanger instantanément des messages électroniques tapés, soit par cellulaire ou par Internet.

Moteur de recherche   Programme sur certains sites Web qui permet d'y trouver de l'information en écrivant un ou plusieurs mots.

Multimédia   Combinaison de deux ou plusieurs éléments médiatiques (audio, image, texte et vidéo).

Narration   Exposé d'une intrigue ou d'une histoire. Dans un produit médiatique, la narration est une suite cohérente d'événements.

Navigateur   Logiciel qui permet de trouver, de voir et d'entendre des documents sur le Web. Exemples de navigateurs : Internet Explorer, Firefox et Safari. Aussi appelé « navigateur Web ».

Nétiquette   Ensemble de règles de comportement applicables à l'usage des réseaux informatiques, particulièrement Internet.

Opinion   Attitude ou croyance qui n'est pas souvent fondée sur des faits.

Page d'accueil   Première page d'un site Web sur Internet.

Page Web   Page d'information sur un site Web. La page peut contenir des éléments graphiques, des hyperliens, du texte, etc.

Pensée critique   Habileté à mettre en doute et à comprendre les questions soulevées dans les publicités, la presse, la télévision, etc.

Placement de produit   Publicité payée par une entreprise, qui consiste à montrer le produit de cette dernière dans un film ou une émission de télévision.

Point de vue   Attitude ou opinion. Le point de vue influence la façon dont on voit les événements ou dont on y réagit.

Pourriel   Courriel indésirable.

Préjugé   Idée toute faite qui peut empêcher une personne d'avoir l'esprit ouvert quand elle juge une question.

Production   Processus de création de produits médiatiques. Les personnes qui créent les produits forment l'équipe de production.

Produit médiatique   Méthode de communication d'un message au moyen d'images, de sons, de textes ou d'éléments graphiques (ou d'une combinaison quelconque de ces éléments). Le produit peut être un blogue, un film, un emballage, un cédérom, un magazine, un site Web, etc.

Produit médiatique imprimé   Tout produit médiatique sur papier. Applicable aussi à un dirigeable affichant le logo d'une entreprise ou à une série de photos sans texte.

Produit médiatique numérique   Produit créé et stocké au moyen d'un dispositif électronique ou d'une plate-forme médiatique qui permet aussi d'interagir avec d'autres personnes. Ces dispositifs comprennent l'ordinateur, le cellulaire, Internet, les sites de réseautage social, etc.

Public   Groupe de consommateurs, auditeurs, lecteurs ou spectateurs visé par un produit médiatique particulier.

Public cible   Groupe spécifique de personnes dont on s'attend à ce qu'elles achètent un produit ou un service particulier.

Représentation   Action de montrer ou d'évoquer, dans un produit médiatique, des idées, des personnes, des lieux ou des événements réels.

Réseau social   Communauté en ligne de personnes qui communiquent entre elles au moyen d'un site Web ou d'autres services technologiques.

Ressources imprimées et électroniques   Information ou outils de référence sous forme de documents imprimés ou électroniques (livres, bases de données, vidéos, etc.).

Scénarimage   Suite d'images qu'on utilise pour planifier une publicité, un film, une émission de télévision ou une vidéo.

Serveur   Matériel informatique qui fournit des données ou des logiciels aux autres systèmes connectés à un réseau.

Site Web   Ensemble de pages Web. Ces pages peuvent contenir des éléments graphiques, des sons et des liens vers d'autres sites Web. Un site Web couvre un ou plusieurs sujets.

Stéréotype   Image simplifiée et toute faite à propos de personnes ou d'objets.

Techniques   Procédés employés pour créer un produit médiatique et qui peuvent avoir un effet considérable sur les connotations et sur la construction du produit.

Texto (ou message texte)   Message généralement très court envoyé électroniquement. Il contient souvent des formes abrégées et des binettes.

Valeur   Opinion ou jugement personnel sur ce qui est important dans la vie.

Webémission   Émission diffusée sur le Web.

Corrigé – Feuilles reproductibles

Mots cachés – Produits médiatiques (p. 9)

Z	A	F	F	I	C	H	E	J	P
M	C	A	R	T	E	Y	K	S	U
E	L	E	T	T	R	E	D	I	B
N	C	X	L	I	V	R	E	T	L
U	C	H	A	N	S	O	N	E	I
E	C	R	I	T	E	A	U	W	C
Z	I	M	A	G	E	V	W	E	I
M	A	G	A	Z	I	N	E	B	T
W	A	N	N	O	N	C	E	J	E
J	O	U	R	N	A	L	G	R	M

FR 4 : Tout sur les produits médiatiques (p. 13)

1. Exemples de réponses : émission de télévision, message publicitaire; livre, journal, magazine; panneau dans sa localité; chanson, émission à la radio. Les élèves pourraient aussi suggérer : lettre, note, manuel scolaire, livre d'images, livre à colorier, site Web, publicité, cahier publicitaire, carte de souhaits, bande dessinée, téléjournal, affiche.

2. Exemples de réponses : Dans le livre à colorier, on voit les contours d'images à colorier, tandis que, dans le livre d'images, on voit des photos ou des images qui sont généralement en couleurs. Le livre à colorier n'a pas de texte ou en a peu, tandis que le livre d'images en a plus. Généralement, le livre à colorier ne raconte pas d'histoire ou ne fournit pas d'information, contrairement au livre d'images. La couverture du livre à colorier est souple, tandis que celle du livre d'images peut être souple ou rigide. Remarque : Les questions sur cette page encouragent les élèves à reconnaître les caractéristiques des divers produits médiatiques et à relever les différences entre les produits. Comme activité de suivi, vous pourriez demander aux élèves de signaler les caractéristiques qui leur permettent de voir les différences entre d'autres produits médiatiques, comme entre une histoire et un poème, entre un journal et un magazine. Lorsque cela est possible, montrez des échantillons des produits médiatiques que les élèves pourront examiner.

FR 5 : Les symboles (p. 14)

1. a) Les chiens sont interdits. b) Il n'est pas prudent de traverser la rue. c) Ce produit est toxique. d) Lieu accessible aux fauteuils roulants. e) Tant les femmes que les hommes peuvent utiliser ces toilettes. f) Arrête quand le feu est rouge, ralentis quand il est jaune, et avance quand il est vert. g) Ne jette pas tes déchets sur le sol. h) Il est interdit de fumer.

FR 7 : Qu'est-ce qu'Internet? (p. 17)

1. Les réponses varieront.
2. Les réponses varieront.
3. Par téléphone et par la poste; le téléphone est plus rapide.

FR 9 : Envoyer et recevoir des messages (p. 21)

a) Jade b) Jade c) Thierry

FR 16 : Qu'est-ce qu'un but? (p. 43)

Les réponses varieront.

FR 17 : Les buts des produits médiatiques (p. 44-45)

1. Convaincre les gens d'acheter quelque chose (le robot-jouet); permettre aussi aux gens qui vendent le jouet de s'enrichir.
2. Donner de l'information sur la façon de préparer un aliment.
3. a) Bande dessinée – Divertir les gens. b) Journal – Donner de l'information. c) Bulletin météo à la radio – Donner de l'information. d) Film – Divertir les gens. e) Jeu-questionnaire télévisé – Divertir les gens. f) Carte géographique – Donner de l'information. g) Menu – Donner de l'information. h) Chanson – Divertir les gens.

Remarque : Les élèves pourraient aussi dire que les bandes dessinées dans un journal divertissent les gens ou que certains films donnent de l'information, par exemple sur des gens qui ont vécu il y a longtemps. Confirmez-leur que leurs idées sont exactes, si c'est le cas. Puis expliquez-leur que cette activité met l'accent sur le but principal ou habituel de divers produits médiatiques.

FR 18 : Quel est le but? (p. 46)

2. a) Une recette de biscuits – Informer **b)** Un dessin animé – Divertir **c)** Un article dans le journal au sujet d'une partie de hockey – Informer **d)** Une publicité pour un nouveau type de chaussures de course – Persuader **e)** Un message publicitaire télévisé annonçant un nouveau film – Divertir **f)** Un jeu vidéo dont la vedette est une grenouille – Divertir.

Remarque : Les élèves pourraient dire que les commentaires dans le journal au sujet d'une partie de hockey peuvent divertir, que la publicité pour les chaussures de course peut divertir si on y voit des personnes qui font des choses drôles ou étonnantes, et que le message publicitaire annonçant un film peut persuader les gens d'aller voir le film. Confirmez-leur que leurs idées sont exactes, si c'est le cas. Puis expliquez-leur que cette activité met l'accent sur le but principal ou habituel de divers produits médiatiques.

FR 19 : Quel est le but du produit médiatique? (p. 49)

Les élèves devraient dessiner un visage souriant à côté du livre *Les aventures de Julien Lapin*, et un ? à côté du livre sur les animaux de la forêt, de l'invitation à la journée sportive et du schéma sur le cycle de vie de la grenouille.

Remarque : Les élèves pourraient dire que le livre sur les animaux de la forêt divertit parce que les enfants ont du plaisir à le lire, et que l'invitation à la journée sportive divertit en persuadant les enfants de participer et de s'amuser. Confirmez-leur que leurs idées sont exactes, si c'est le cas. Puis expliquez-leur que cette activité met l'accent sur le but principal ou habituel de divers produits médiatiques.

FR 20 : Qu'est-ce que la publicité? (p. 49)

Les réponses à toutes les questions varieront.

FR 21 : Convaincre les gens d'acheter un produit (p. 51-52)

1. **a)** fait **b)** opinion **c)** opinion **d)** fait

2-4. Les réponses varieront.

FR 23 : Messages dans les produits médiatiques (p. 55)

1. Le message communiqué par une vidéo montrant des enfants qui s'ennuient en jouant à un jeu serait que le jeu n'est pas amusant.

2. Le message communiqué par une vidéo montrant des adultes qui jouent au jeu serait que les adultes sont le public cible de ce jeu.

3. Montrer des personnes qui s'amusent en jouant à un jeu ne signifie pas que tout le monde aimerait le jeu. Les gens n'aiment pas tous les mêmes types de jeux, donc ils n'aimeraient pas tous le jeu annoncé. Le jeu pourrait plaire aux enfants plus qu'aux adultes. Certaines personnes n'aiment pas jouer à des jeux de société.

FR 25 : Histoires captivantes (p. 58)

1. Les élèves doivent mettre un crochet à côté de « Un garçon plante une graine » et « La graine devient une plante », et un X à côté de « La plante grandit tant qu'elle finit par atteindre le ciel ».

2. a) Une fille reçoit un robot-jouet pour son anniversaire. Son chat saute sur son bureau. **b)** Un robot fait des devoirs. Le chat parle à la fille.

FR 28 : Création de produits médiatiques (p. 70)

1. Inclure une photo du poisson rouge de Pablo n'est pas une bonne idée parce que le poisson rouge ne fait pas partie du sujet. Son chien Samy est le sujet.

2. Les élèves ou les enfants seraient un bon public cible, puisque ce sont eux qui jouent sur les terrains de jeux.

3. Les réponses varieront. Certains élèves diront qu'un t-shirt est un produit médiatique efficace parce que les élèves, le public cible de Hugo, verraient le message sur le t-shirt que Hugo porterait à l'école. Ces élèves pourraient dire que le dépliant n'est pas un produit médiatique efficace parce que certains élèves ne prendraient pas la peine de le lire. D'autres élèves seront d'avis que le dépliant est plus efficace parce que Hugo pourrait y mettre plus d'information sur le recyclage et sur les raisons pour lesquelles il est important, ce qui permettrait à Hugo d'atteindre son but. Ces élèves pourraient dire qu'un t-shirt ne serait pas efficace parce que certains élèves pourraient ne pas remarquer le message ou ne se laisseraient pas convaincre de recycler le papier parce que le t-shirt de Hugo leur demande de le faire. **Remarque :** Une discussion sur cette question et sur les diverses opinions à ce sujet pourrait aider les élèves à mieux comprendre pourquoi il est important, dans le choix d'un produit médiatique, de tenir compte de son but et de son public cible.